Walter Benjamin,

Kleine Geschichte der Photographie

Walter Benjamin, Literatur- und Kulturkritiker, Essayist und Philosoph, wurde 1892 als Sohn jüdischer Eltern in Berlin geboren. 1933 musste er emigrieren; auf der Flucht vor den Nazis nahm er sich 1940 in Spanien das Leben. Die Kritische Gesamtausgabe seiner Werke erscheint seit 2008 im Suhrkamp Verlag.

Wolfgang Matz (*1955) lehrte deutsche Sprache und Literatur an der Universität Poitiers, arbeitete als Verlagslektor und lebt als Autor und Übersetzer in München. Er publizierte über Benjamin u. a. *Eine Kugel im Leibe. Walter Benjamin und Rudolf Borchardt: Judentum und deutsche Poesie* (2011).

Walter Benjamin

KLEINE GESCHICHTE DER PHOTOGRAPHIE

Mit einem Essay von
Wolfgang Matz

Alexander Verlag Berlin

Alexander Verlag Berlin –
unabhängiger Verlag seit 1983

Zweite Auflage

Für diese Ausgabe

Alexander Wewerka, Fredericiastr. 8, D-14050 Berlin
www.alexander-verlag.com · info@alexander-verlag.com

Umschlaginnenseiten: Auszüge aus dem Erstdruck
der *Kleinen Geschichte der Photographie* in der
Wochenzeitung *Die Literarische Welt,* 1931
Satz/Layout/Umschlag: Antje Wewerka
Dank an Michael Wesely

ISBN 987-3-89581-587-4
Printed in the EU (February) 2025

INHALT

Walter Benjamin

KLEINE GESCHICHTE DER PHOTOGRAPHIE

Der Nebel, der über den Anfängen der Photographie liegt, ist nicht ganz so dicht wie jener, der über den Beginn des Buchdrucks sich lagert; kenntlicher vielleicht als für diesen ist, daß die Stunde für die Erfindung gekommen war und von mehr als einem verspürt wurde; Männern, die unabhängig voneinander dem gleichen Ziele zustrebten: die Bilder in der camera obscura, die spätestens seit Leonardo bekannt waren, festzuhalten. Als das nach ungefähr fünfjährigen Bemühungen Niépce und Daguerre zu gleicher Zeit geglückt war, griff der Staat, begünstigt durch patentrechtliche Schwierigkeiten, auf die die Erfinder stießen, die Sache auf und machte sie unter deren Schadloshaltung zu einer öffentlichen. Damit waren die Bedingungen einer fortdauernd beschleunigten Entwicklung gegeben, die für lange Zeit jeden Rückblick ausschloß. So kommt es, daß die historischen oder, wenn man will, philosophischen Fragen, die Aufstieg und Verfall der Photographie nahelegen, jahrzehntelang unbeachtet geblieben sind. Und wenn sie heute beginnen, ins Bewußtsein zu treten, so hat das einen genauen Grund. Die jüngste Literatur schließt an den auffallenden Tatbestand an, daß die Blüte der Photographie – die Wirksamkeit der Hill und Cameron, der Hugo und Nadar – in ihr erstes Jahrzehnt fällt. Das ist nun aber das Jahrzehnt, welches ihrer Industrialisierung vorausging. Nicht als ob nicht bereits in dieser Frühzeit Marktschreier und Scharlatane der neuen Technik aus Erwerbsgründen sich bemächtigt hätten; sie taten das sogar massenweise. Aber das stand den Künsten des Jahrmarkts, auf dem die Photographie ja bis heute heimisch gewesen ist, näher als der Industrie. Die eroberte sich das Feld erst mit der Visitkarten-Aufnahme, deren erster Hersteller bezeichnenderweise zum Millionär wurde. Es wäre nicht zu verwundern, wenn die photographischen Praktiken, die heut zum erstenmal den Blick auf jene vorindustrielle Blütezeit zurücklenken, in unterirdischem Zusammenhang mit der Erschütterung der kapitalistischen Industrie stünden. Darum jedoch ist es um nichts leichter, den Reiz der Bilder, die in den schönen jüngst erschienenen Publikationen alter Photographie* vorliegen, für wirkliche Einsichten in deren Wesen nutzbar zu machen. Überaus rudimentär sind die Versuche, der Sache theoretisch Herr zu werden. Und so viele Debatten im vorigen Jahrhundert über sie geführt wurden, im Grunde haben sie sich nicht von dem skurrilen Schema freigemacht, mit dem ein chauvinistisches Blättchen, der »Leipziger Anzeiger«, glaubte, beizeiten der französischen Teufelskunst entgegentreten zu müssen. »Flüchtige Spiegelbilder festhalten zu wollen, heißt es da, dies ist nicht bloß ein Ding der Unmöglichkeit, wie es sich nach gründli-

---

* Helmuth Th[eodor] Bossert und Heinrich Guttmann: Aus der Frühzeit der Photographie. 1840–70. Ein Bildbuch nach 200 Originalen. Frankfurt am Main 1930. – Heinrich Schwarz: David Octavius Hill. Der Meister der Photographie. Mit 80 Bildtafeln. Leipzig 1931.

cher deutscher Untersuchung herausgestellt hat, sondern schon der Wunsch, dies zu wollen, ist eine Gotteslästerung. Der Mensch ist nach dem Ebenbilde Gottes geschaffen und Gottes Bild kann durch keine menschliche Maschine festgehalten werden. Höchstens der göttliche Künstler darf, begeistert von himmlischer Eingebung, es wagen, die gottmenschlichen Züge, im Augenblick höchster Weihe, auf den höheren Befehl seines Genius, ohne jede Maschinenhilfe wiederzugeben.« Hier tritt mit dem Schwergewicht seiner Plumpheit der Banausenbegriff von der »Kunst« auf, dem jede technische Erwägung fremd ist und welcher mit dem provozierenden Erscheinen der neuen Technik sein Ende gekommen fühlt. Demungeachtet ist es dieser fetischistische, von Grund auf antitechnische Begriff von Kunst, mit dem die Theoretiker der Photographie fast hundert Jahre lang die Auseinandersetzung suchten, natürlich ohne zum geringsten Ergebnis zu kommen. Denn sie unternahmen nichts anderes, als den Photographen vor eben jenem Richterstuhl zu beglaubigen, den er umwarf. Da weht eine ganz andere Luft aus dem Exposé, mit dem der

Physiker Arago als Fürsprecher der Daguerreschen Erfindung am 3. Juli 1839 vor die Kammer der Deputierten trat. Es ist das Schöne an dieser Rede, wie sie an alle Seiten menschlicher Tätigkeit den Anschluß findet. Das Panorama, das sie entwirft, ist groß genug, um die zweifelhafte Beglaubigung der Photographie vor der Malerei, die auch in ihm nicht fehlt, belanglos erscheinen, vielmehr die Ahnung von der wirklichen Tragweite der Erfindung sich entfalten zu lassen. »Wenn Erfinder eines neuen Instrumentes, sagt Arago, dieses zur Beobachtung, der Natur anwenden, so ist das, was sie davon gehofft haben, immer eine Kleinigkeit im Vergleich zu der Reihe nachfolgender Entdeckungen, wovon das Instrument der Ursprung war.« In großem Bogen umspannt diese Rede das Gebiet der neuen Technik von der Astrophysik bis zur Philologie: neben dem Ausblick auf die Sternphotographie steht die Idee, ein corpus der ägyptischen Hieroglyphen aufzunehmen.

Daguerres Lichtbilder waren jodierte und in der camera obscura belichtete Silberplatten, die hin- und hergewendet sein wollten, bis man in richtiger Beleuchtung ein zartgraues Bild darauf erkennen konnte. Sie waren unica; im Durchschnitt bezahlte man im Jahre 1839 für eine Platte 25 Goldfrank. Nicht selten wurden sie wie Schmuck in Etuis verwahrt. In der Hand mancher Maler aber verwandelten sie sich in technische Hilfsmittel. Wie siebzig Jahre später Utrillo seine faszinierenden Ansichten von den Häusern der Bannmeile von Paris nicht nach der Natur, sondern nach Ansichtskarten verfertigte, so legte der geschätzte englische Porträtmaler David Octavius Hill seinem Fresko der ersten Generalsynode der schottischen Kirche im Jahre 1843 eine große Reihe von Porträtaufnahmen zugrunde. Diese Aufnahmen aber machte er selbst. Und sie, anspruchslose, zum internen Gebrauch bestimmte Behelfe, sind es, die seinem Namen die historische Stelle geben, während er als Maler verschollen ist. Freilich führen tiefer noch als die Reihen dieser Porträtköpfe in die neue Technik einige Studien ein: namenlose Menschenbilder, nicht Porträts. Solche Köpfe gab es längst auf Gemälden. Blieben sie im Familienbesitz, fragte man hin und wieder noch nach den Dargestellten. Nach zwei, drei Generatio-

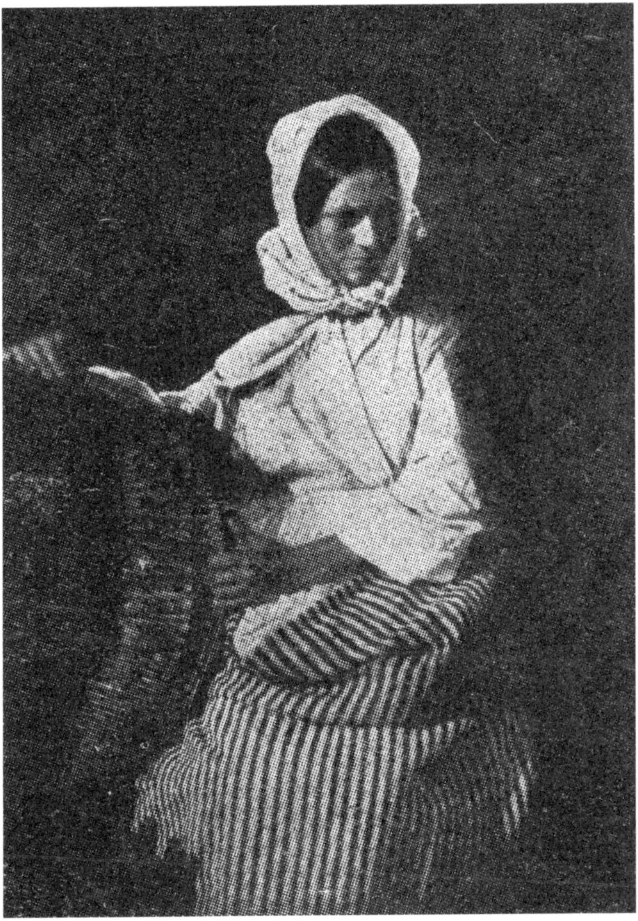

Fischweib aus New Haven, Photo David Octavius Hill

nen aber ist dies Interesse verstummt: die Bilder, soweit sie dauern, tun es nur als Zeugnis für die Kunst dessen, der sie gemalt hat. Bei der Photographie aber begegnet man etwas Neuem und Sonderbarem: in jenem Fischweib aus New Haven, das mit so lässiger, verführerischer Scham zu Boden blickt, bleibt etwas, was im Zeugnis für die Kunst des Photographen Hill nicht aufgeht, etwas, was nicht zum Schweigen zu bringen ist, ungebärdig nach dem Namen derer verlangend, die da gelebt hat, die auch hier noch wirklich ist und niemals gänzlich in die »Kunst« wird eingehen wollen. »Und ich frage: wie hat dieser haare zier / Und dieses blickes die früheren wesen umzingelt! / Wie dieser mund hier geküßt zu dem die begier / Sinnlos hinan als rauch ohne flamme sich ringelt!« Oder man schlägt das Bild von Dauthendey, dem Photographen, auf, dem Vater des Dichters, aus der Zeit des Brautstands mit jener Frau, die er dann eines Tages, kurz nach der Geburt ihres sechsten Kindes, im Schlafzimmer seines Moskauer Hauses mit durchschnittenen Pulsadern liegen fand. Sie ist hier neben ihm zu sehen, er scheint sie zu halten; ihr Blick aber geht an ihm vor-

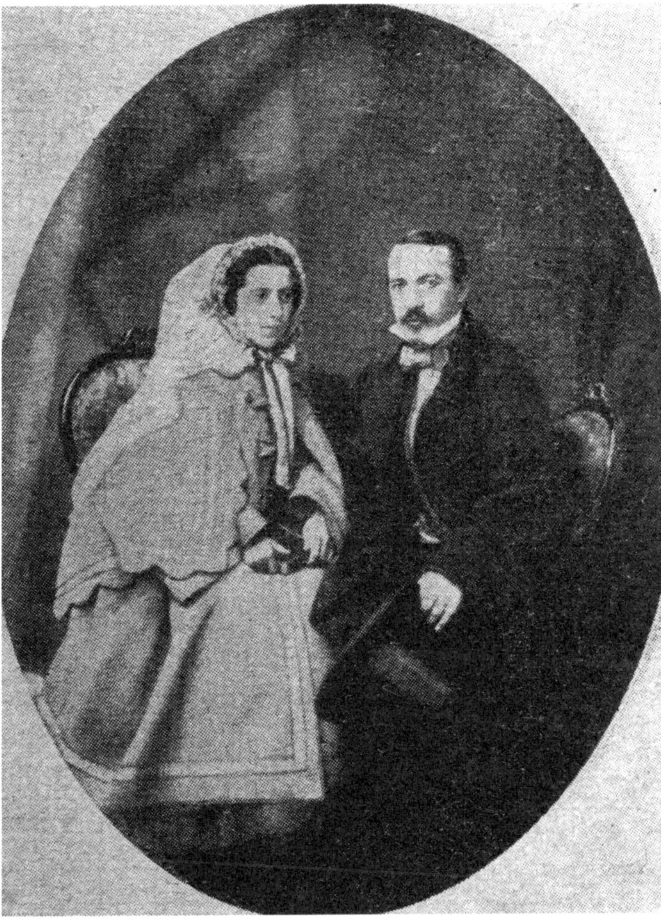

Der Photograph Karl Dauthendey und seine Braut,
Photo Karl Dauthendey

über, saugend an eine unheilvolle Ferne geheftet. Hat man sich lange genug in so ein Bild vertieft, erkennt man, wie sehr auch hier die Gegensätze sich berühren: die exakteste Technik kann ihren Hervorbringungen einen magischen Wert geben, wie für uns ihn ein gemaltes Bild nie mehr besitzen kann. Aller Kunstfertigkeit des Photographen und aller Planmäßigkeit in der Haltung seines Modells zum Trotz fühlt der Beschauer unwiderstehlich den Zwang, in solchem Bild das winzige Fünkchen Zufall, Hier und Jetzt, zu suchen, mit dem die Wirklichkeit den Bildcharakter gleichsam durchgesengt hat, die unscheinbare Stelle zu finden, in welcher, im Sosein jener längstvergangenen Minute das Künftige noch heut und so beredt nistet, daß wir, rückblickend, es entdecken können. Es ist ja eine andere Natur, welche zur Kamera als welche zum Auge spricht; anders vor allem so, daß an die Stelle eines vom Menschen mit Bewußtsein durchwirkten Raums ein unbewußt durchwirkter tritt. Ist es schon üblich, daß einer, beispielsweise, vom Gang der Leute, sei es auch nur im groben, sich Rechenschaft gibt, so weiß er bestimmt nichts mehr von ihrer Haltung im Sekundenbruchteil des »Ausschreitens«. Die Photographie mit ihren Hilfsmitteln: Zeitlupen, Vergrößerungen erschließt sie ihm. Von diesem Optisch-Unbewußten erfährt er erst durch sie, wie von dem Triebhaft-Unbewußten durch die Psychoanalyse. Strukturbeschaffenheiten, Zellgewebe, mit denen Technik, Medizin zu rechnen pflegen – all dieses ist der Kamera ursprünglich verwandter als die stimmungsvolle Landschaft oder das seelenvolle Porträt. Zugleich aber eröffnet die Photographie in diesem Material die physiognomischen Aspekte, Bildwelten, welche im Kleinsten wohnen, deutbar und verborgen genug, um in Wachträumen Unterschlupf gefunden zu haben, nun aber, groß und formulierbar wie sie geworden sind, die Differenz von Technik und Magie als durch und durch historische Variable ersichtlich zu machen. So hat Bloßfeldt* mit seinen erstaunlichen Pflanzenphotos in Schachtelhalmen älteste Säulenformen, im

---

* Karl Bloßfeldt: Urformen der Kunst. Photographische Pflanzenbilder. Hrsg. mit einer Einleitung von Karl Nierendorf. 120 Bildtafeln. Berlin o. J. [1928].

Straußfarn den Bischofsstab, im zehnfach vergrößerten Kastanien- und Ahornsproß Totembäume, in der Weberkarde gotisches Maßwerk zum Vorschein gebracht. Darum sind wohl auch die Modelle eines Hill nicht weit von der Wahrheit entfernt gewesen, wenn ihnen »das Phänomen der Photographie« noch »ein großes geheimnisvolles Erlebnis« war; mag das für sie auch nichts als das Bewußtsein gewesen sein, »vor einem Apparat zu stehen, der in kürzester Zeit ein Bild der sichtbaren Umwelt erzeugen konnte, das so lebendig und wahrhaft wirkte wie die Natur selbst.« Man hat von der Kamera Hills gesagt, daß sie diskrete Zurückhaltung wahre. Seine Modelle ihrerseits sind aber nicht weniger reserviert; sie behalten eine gewisse Scheu vor dem Apparat, und der Leitsatz eines späteren Photographen aus der Blütezeit: »Sieh nie in die Kamera« könnte aus ihrem Verhalten abgeleitet sein. Doch war damit nicht jenes »sehen *dich* an« von Tieren, Menschen oder Babys gemeint, das den Käufer auf so unsaubere Weise einmengt und dem nichts besseres entgegenzusetzen ist als die Wendung, mit welcher der alte Dauthendey von der Daguerreotypie

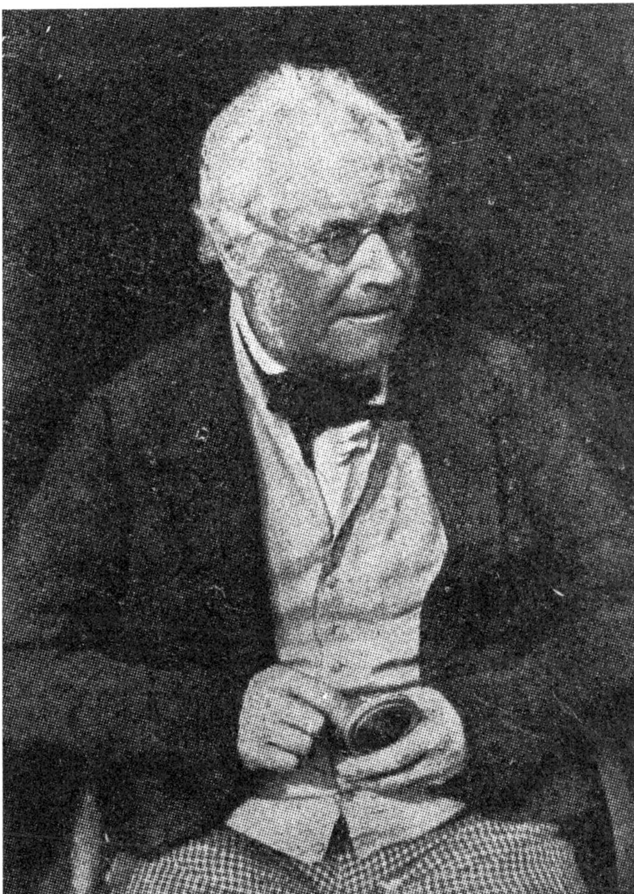

Bildnis Robert Bryson, Photo David Octavius Hill

spricht: »Man getraute sich ... zuerst nicht, so berichtete er, die ersten Bilder, die er anfertigte, lange anzusehen. Man scheute sich vor der Deutlichkeit der Menschen und glaubte, daß die kleinen winzigen Gesichter der Personen, die auf dem Bilde waren, einen selbst sehen könnten, so verblüffend wirkte die ungewohnte Deutlichkeit und die ungewohnte Naturtreue der ersten Daguerreotypbilder auf jeden«.

Diese ersten reproduzierten Menschen traten in den Blickraum der Photographie unbescholten oder besser gesagt unbeschriftet. Noch waren Zeitungen Luxusgegenstände, die man selten käuflich erwarb, eher in Caféhäusern einsah, noch war das photographische Verfahren nicht zu ihrem Werkzeug geworden, noch sahen die wenigsten Menschen ihren Namen gedruckt. Das menschliche Antlitz hatte ein Schweigen um sich, in dem der Blick ruhte. Kurz, alle Möglichkeiten dieser Porträtkunst beruhen darauf, daß noch die Berührung zwischen Aktualität und Photo nicht eingetreten ist. Auf dem Edinburgher Friedhof von Greyfriars sind viele Bildnisse Hills entstanden – nichts ist für diese Frühzeit bezeichnender, es sei denn, wie die Modelle auf ihm zu Hause waren. Und wirklich ist dieser Friedhof nach einem Bilde, das Hill gemacht hat, selbst wie ein Interieur, ein abgeschiedener, eingehegter Raum, wo, an Brandmauern gelehnt, aus dem Grasboden Grabmäler aufsteigen, die, ausgehöhlt wie Kamine, in ihrem Innern Schriftzüge statt der Flammenzungen zeigen. Nie aber hätte dies Lokal zu seiner großen Wirkung kommen können, wäre seine Wahl nicht technisch begründet gewesen. Geringere Lichtempfindlichkeit der frühen Platten machte eine lange Belichtung im Freien erforderlich. Diese wiederum ließ es wünschenswert scheinen, den Aufzunehmenden in möglichster Abgeschiedenheit an einem Orte unterzubringen, wo ruhiger Sammlung nichts im Wege stand. »Die Synthese des Ausdruckes, die durch das lange Stillhalten des Modells erzwungen wird, sagt Orlik von der frühen Photographie, ist der Hauptgrund, weshalb diese Lichtbilder neben ihrer Schlichtheit gleich guten gezeichneten oder gemalten Bildnissen eine eindringlichere und länger andauernde Wirkung auf den Beschauer ausüben als neuere Photographien.« Das Verfahren selbst veranlaßte die Modelle, nicht aus dem Augenblick heraus, sondern in ihn hinein zu leben; während der langen Dauer dieser Aufnahmen wuchsen sie gleichsam in das Bild hinein und traten so in den entschiedensten Kontrast zu den Erscheinungen auf einer Momentaufnahme, die jener veränderten Umwelt entspricht, in der es, wie Kracauer treffend bemerkt hat, von demselben Bruchteil einer Sekunde, den die Belichtung dauert, abhängt, »ob ein Sportsmann so berühmt wird, daß ihn im Auftrag der Illustrierten die Photographen belichten«. Alles an diesen frühen Bildern war angelegt zu dauern; nicht nur die unvergleichlichen Gruppen, zu denen die Leute zusammentraten – und deren Verschwinden gewiß eins der präzisesten Symptome dessen war, was in der zweiten Hälfte des Jahrhunderts in der Gesellschaft vorging – selbst die Falten, die ein Gewand auf diesen Bildern wirft, halten länger. Man betrachte nur Schellings Rock; der kann recht zuversichtlich mit in die Unsterblichkeit hinübergehen; die Formen, die er an seinem Träger annahm, sind der Falten in dessen Antlitz nicht unwert.

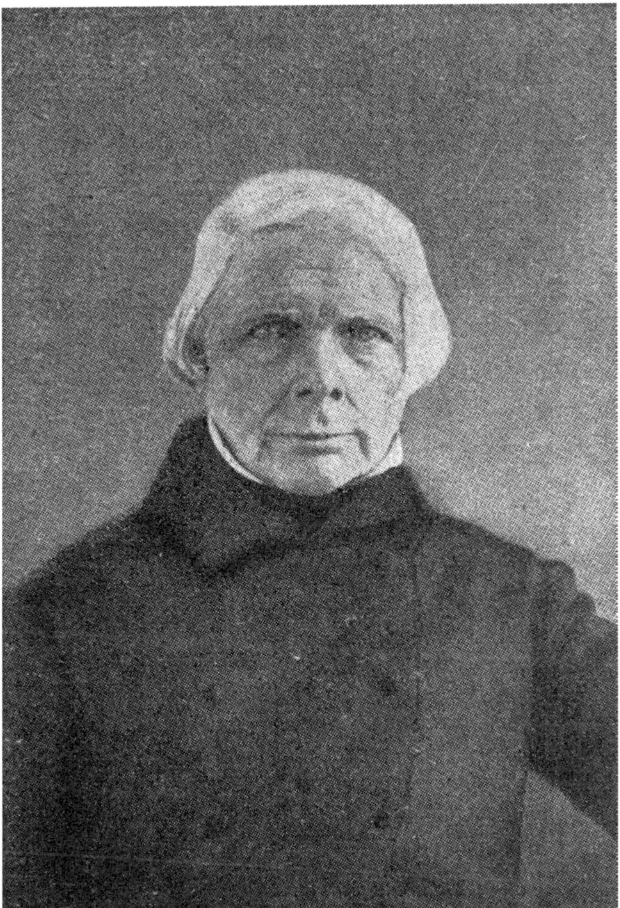

Der Philosoph Schelling,
unbekannter deutscher Photograph, um 1850

Kurz, alles spricht dafür, Bernard von Brentano habe mit seiner Vermutung recht, »daß ein Photograph von 1850 auf der gleichen Höhe mit seinem Instrument stand« – zum ersten- und für lange zum letztenmal.

Man muß im übrigen, um sich die gewaltige Wirkung der Daguerreotypie im Zeitalter ihrer Entdeckung ganz gegenwärtig zu machen, bedenken, daß die Pleinairmalerei damals den vorgeschrittensten unter den Malern ganz neue Perspektiven zu entdecken begonnen hatte. Im Bewußtsein, daß gerade in dieser Sache die Photographie von der Malerei die Stafette zu übernehmen habe, heißt es denn auch bei Arago im historischen Rückblick auf die frühen Versuche Giovanni Battista Portas ausdrücklich: »Was die Wirkung betrifft, welche von der unvollkommenen Durchsichtigkeit unserer Atmosphäre abhängt (und welche man durch den uneigentlichen Ausdruck ›Luftperspektive‹ charakterisiert hat), so hoffen selbst die geübten Maler nicht, daß die camera obscura« – will sagen das Kopieren der in ihr erscheinenden Bilder – »ihnen dazu behilflich sein könnte, dieselben mit Genauigkeit hervorzubringen.« Im Augenblick, da es Daguerre geglückt war, die Bilder der camera obscura zu fixieren, waren die Maler an diesem Punkte vom Techniker verabschiedet worden. Das eigentliche Opfer der Photographie aber wurde nicht die Landschaftsmalerei, sondern die Porträtminiatur. Die Dinge entwickelten sich so schnell, daß schon um 1840 die meisten unter den zahllosen Miniaturmalern Berufsphotographen wurden, zunächst nur nebenher, bald aber ausschließlich. Dabei kamen ihnen die Erfahrungen ihrer ursprünglichen Brotarbeit zustatten, und nicht ihre künstlerische, sondern ihre handwerkliche Vorbildung ist es, der man das hohe Niveau ihrer photographischen Leistungen zu verdanken hat. Sehr allmählich verschwand diese Generation des Übergangs; ja es scheint eine Art von biblischem Segen auf jenen ersten Photographen geruht zu haben: die Nadar, Stelzner, Pierson, Bayard sind alle an die Neunzig oder Hundert herangerückt. Schließlich aber drangen von überallher Geschäftsleute in den Stand der Berufsphotographen ein, und als dann späterhin die Negativretusche, mit welcher der schlechte Maler sich an der Photographie rächte, allgemein üblich wurde, setzte ein jäher Verfall des Geschmacks ein. Das war die Zeit, da die Photographiealben sich zu füllen begannen. An den frostigsten Stellen der Wohnung, auf Konsolen oder Gueridons im Besuchszimmer, fanden sie sich am liebsten: Lederschwarten mit abstoßenden Metallbeschlägen und den fingerdicken goldumrandeten Blättern, auf denen närrisch drapierte oder verschnürte Figuren – Onkel Alex und Tante Riekchen, Trudchen wie sie noch klein war, Papa im ersten Semester – verteilt waren und endlich, um die Schande voll zu machen, wir selbst: als Salontiroler, jodelnd, den Hut gegen gepinselte Firnen schwingend, oder als adretter Matrose, Standbein und Spielbein, wie es sich gehört, gegen einen polierten Pfosten gelehnt. Noch erinnert die Staffage solcher Porträts mit ihren Postamenten, Balustraden und ovalen Tischchen an die Zeit, da man der langen Expositionsdauer wegen den Modellen Stützpunkte geben mußte, damit sie fixiert blieben. Hatte man anfangs mit »Kopfhalter« oder »Kniebrille« sich begnügt, so folgte bald »weiteres Beiwerk, wie es in berühmten Gemälden vorkam und darum ›künstlerisch‹ sein mußte. Zunächst war es die

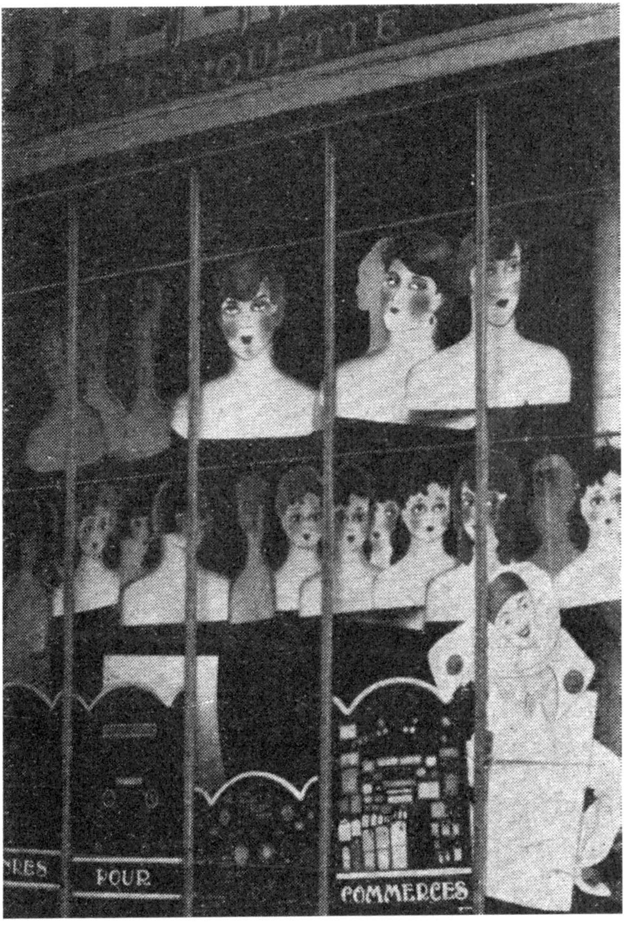

Photo Germaine Krull

Säule und der Vorhang«. Gegen diesen Unfug mußten sich fähigere Männer schon in den sechziger Jahren wenden. So heißt es damals in einem englischen Fachblatt: »In gemalten Bildern hat die Säule einen Schein von Möglichkeit, die Art aber, wie sie in der Photographie angewendet wird, ist absurd; denn sie steht gewöhnlich auf einem Teppich. Nun wird aber jedermann überzeugt sein, daß Marmor- oder Steinsäulen nicht mit einem Teppich als Fundament aufgebaut werden.« Damals sind jene Ateliers mit ihren Draperien und Palmen, Gobelins und Staffeleien entstanden, die so zweideutig zwischen Exekution und Repräsentation, Folterkammer und Thronsaal schwankten und aus denen ein erschütterndes Zeugnis ein frühes Bildnis von Kafka bringt. Da steht in einem engen, gleichsam demütigenden, mit Posamenten überladenen Kinderanzug der ungefähr sechsjährige Knabe in einer Art von Wintergartenlandschaft. Palmenwedel starren im Hintergrund. Und als gelte es, diese gepolsterten Tropen noch stickiger und schwüler zu machen, trägt das Modell in der Linken einen unmäßig großen Hut mit breiter Krempe, wie ihn Spa-

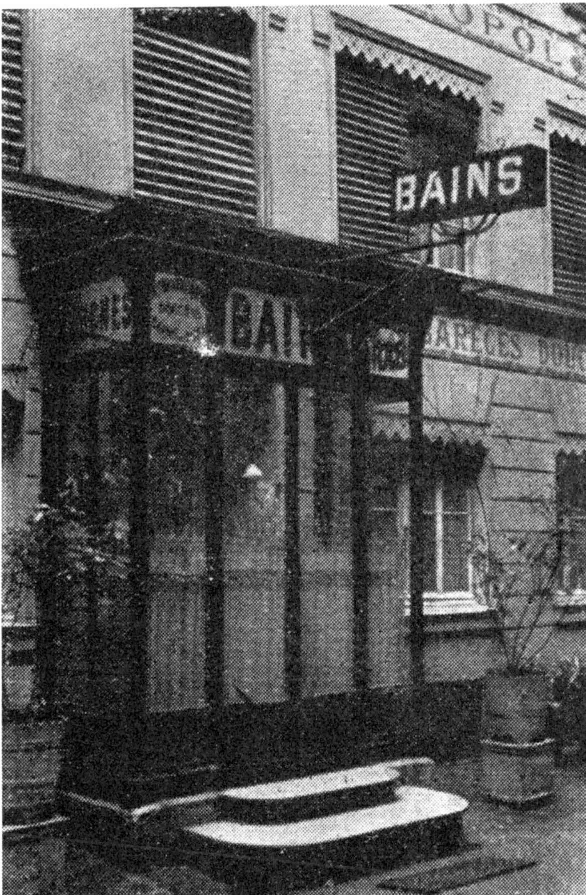

Photo Germaine Krull

nier haben. Gewiß, daß es in diesem Arrangement verschwände, wenn nicht die unermeßlich traurigen Augen diese ihnen vorbestimmte Landschaft beherrschen würden.

Dies Bild in seiner uferlosen Trauer ist ein Pendant der frühen Photographie, auf welcher die Menschen noch nicht abgesprengt und gottverloren in die Welt sahen wie hier der Knabe. Es war eine Aura um sie, ein Medium, das ihrem Blick, indem er es durchdringt, die Fülle und die Sicherheit gibt. Und wieder liegt das technische Äquivalent davon auf der Hand; es besteht in dem absoluten Kontinuum von hellstem Licht zu dunkelstem Schatten. Auch hier bewährt sich im übrigen das Gesetz der Vorverkündung neuerer Errungenschaften in älterer Technik, indem die ehemalige Porträtmalerei vor ihrem Niedergange eine einzigartige Blüte der Schabkunst heraufgeführt hatte. Freilich handelte es sich in diesem Schabkunstverfahren um eine Reproduktionstechnik, wie sie sich mit der neuen photographischen erst später vereinigte. Wie auf Schabkunstblättern ringt sich bei einem Hill mühsam das Licht aus dem Dunkel: Orlik spricht von der durch die lange Expositionsdauer veranlaßten »zusammenfassenden Lichtführung«, die »diesen früheren Lichtbildern ihre Größe« gibt. Und unter den Zeitgenossen der Erfindung bemerkte schon Delaroche den früher »nie erreichten, köstlichen, in nichts die Ruhe der Massen störenden« allgemeinen Eindruck. Soviel vom technischen Bedingtsein der auratischen Erscheinung. Besonders manche Gruppenaufnahmen halten ein beschwingtes Miteinander noch einmal fest, wie es hier für eine kurze Spanne auf der Platte erscheint, bevor es an der »Originalaufnahme« zugrunde geht. Es ist dieser Hauchkreis, der schön und sinnvoll bisweilen durch die nunmehr altmodische ovale Form des Bildausschnitts umschrieben wird. Darum heißt es diese Inkunabeln der Photographie mißdeuten, in ihnen die »künstlerische Vollendung« oder den »Geschmack« zu betonen. Diese Bilder sind in Räumen entstanden, in denen jedem Kunden im Photographen vorab ein Techniker nach der neuesten Schule entgegentrat, dem Photographen aber in jedem Kunden der Angehörige einer im Aufstieg befindlichen Klasse mit einer Aura, die bis in die Falten des Bürgerrocks oder

der Lavallière sich eingenistet hatte. Denn das bloße Erzeugnis einer primitiven Kamera ist jene Aura ja nicht. Vielmehr entsprechen sich in jener Frühzeit Objekt und Technik genau so scharf, wie sie in der anschließenden Verfallsperiode auseinandertreten. Bald nämlich verfügte eine fortgeschrittene Optik über Instrumente, die das Dunkel ganz überwanden und die Erscheinungen spiegelhaft aufzeichneten. Die Photographen jedoch sahen in der Zeit nach 1880 ihre Aufgabe vielmehr darin, die Aura, die von Hause aus mit der Verdrängung des Dunkels durch lichtstärkere Objektive aus dem Bilde genau so verdrängt wurde wie durch die zunehmende Entartung des imperialistischen Bürgertums aus der Wirklichkeit – sie sahen es als ihre Aufgabe an, diese Aura durch alle Künste der Retusche, insbesondere jedoch durch sogenannte Gummidrucke vorzutäuschen. So wurde, zumal im Jugendstil, ein schummeriger Ton, von künstlichen Reflexen unterbrochen, Mode; dem Zwielicht zum Trotz aber zeichnete immer klarer eine Pose sich ab, deren Starrheit die Ohnmacht jener Generation im Angesicht des technischen Fortschritts verriet.

Und doch ist, was über die Photographie entscheidet, immer wieder das Verhältnis des Photographen zu seiner Technik. Camille Recht hat es in einem hübschen Bilde gekennzeichnet. »Der Geigenspieler, sagt er, muß den Ton erst bilden, muß ihn suchen, blitzschnell finden, der Klavierspieler schlägt die Taste an: der Ton erklingt. Das Instrument steht dem Maler wie dem Photographen zur Verfügung. Zeichnung und Farbengebung des Malers entsprechen der Tonbildung des Geigenspiels, der Photograph hat mit dem Klavierspieler das Maschinelle voraus, das einschränkenden Gesetzen unterworfen ist, die dem Geiger lange nicht den gleichen Zwang auferlegen. Kein Paderewski wird jemals den Ruhm ernten, den beinahe sagenhaften Zauber ausüben, den ein Paganini geerntet, den er ausgeübt hat.« Es gibt aber, um im Bilde zu bleiben, einen Busoni der Photographie, und der ist Atget. Beide waren Virtuosen, zugleich aber Vorläufer. Das beispiellose Aufgehen in der Sache, verbunden mit der höchsten Präzision, ist ihnen gemeinsam. Sogar in ihren Zügen gibt es Verwandtes. Atget war ein Schauspieler, der, angewidert vom Betrieb, die Maske abwischte und dann daran ging, auch die Wirklichkeit abzuschminken. Arm und unbekannt lebte er in Paris, seine Photographien schlug er an Liebhaber los, die kaum weniger exzentrisch sein konnten als er, und vor kurzem ist er, unter Hinterlassung eines œuvre von mehr als viertausend Bildern, gestorben. Berenice Abbot aus New York hat diese Blätter gesammelt, und eine Auswahl von ihnen erscheint soeben in einem hervorragend schönen Bande*, den Camille Recht herausgegeben hat. Die zeitgenössische Publizistik »wußte nichts von dem Mann, der mit seinen Bildern zumeist in den Ateliers herumzog, sie für wenige Groschen verschleuderte, oft nur für den Preis einer dieser Ansichtskarten, wie sie um 1900 herum die Städtebilder so schön zeigten, in blaue Nacht getaucht, mit retuschiertem Mond. Er hat den Pol höchster Meisterschaft erreicht; aber in der verbissenen Bescheidenheit eines großen Könners, der immer im Schatten lebt, hat er es unterlassen, seine Fahne dort aufzupflanzen. So kann man-

---

* E[ugène] Atget: Lichtbilder. Eingeleitet von Camille Recht. Paris u. Leipzig 1930.

cher glauben, den Pol entdeckt zu haben, den Atget schon vor ihm betreten hat.« In der Tat: Atgets Pariser Photos sind die Vorläufer der surrealistischen Photographie; Vortrupps der einzigen wirklich breiten Kolonne, die der Surrealismus hat in Bewegung setzen können. Als erster desinfiziert er die stickige Atmosphäre, die die konventionelle Porträtphotographie der Verfallsepoche verbreitet hat. Er reinigt diese Atmosphäre, ja bereinigt sie: er leitet die Befreiung des Objekts von der Aura ein, die das unbezweifelbarste Verdienst der jüngsten Photographenschule ist. Wenn »Bifur« oder »Variété«, Zeitschriften der Avantgarde, unter der Beschriftung »Westminster«, »Lille«, »Antwerpen« oder »Breslau« nur Details bringen, einmal ein Stück von einer Balustrade, dann einen kahlen Wipfel, dessen Äste vielfältig eine Gaslaterne überschneiden, ein andermal eine Brandmauer oder einen Kandelaber mit einem Rettungsring, auf dem der Name der Stadt steht, so sind das nichts als literarische Pointierungen von Motiven, die Atget entdeckte. Er suchte das Verschollene und Verschlagene, und so wenden auch solche Bilder sich gegen den exotischen, prunkenden, romantischen Klang der Stadtnamen; sie saugen die Aura aus der Wirklichkeit wie Wasser aus einem sinkenden Schiff. – Was ist eigentlich Aura? Ein sonderbares Gespinst von Raum und Zeit: einmalige Erscheinung einer Ferne, so nah sie sein mag. An einem Sommermittag ruhend einem Gebirgszug am Horizont oder einem Zweig folgen, der seinen Schatten auf den Betrachter wirft, bis der Augenblick oder die Stunde Teil an ihrer Erscheinung hat – das heißt die Aura dieser Berge, dieses Zweiges atmen. Nun ist, die Dinge sich, vielmehr den Massen »näherzubringen«, eine genau so leidenschaftliche Neigung der Heutigen, wie die Überwindung des Einmaligen in jeder Lage durch deren Reproduzierung. Tagtäglich macht sich unabweisbarer das Bedürfnis geltend, des Gegenstands aus nächster Nähe im Bild, vielmehr im Abbild habhaft zu werden. Und unverkennbar unterscheidet sich das Abbild, wie illustrierte Zeitung und Wochenschau es in Bereitschaft halten, vom Bilde. Einmaligkeit und Dauer sind in diesem so eng verschränkt wie Flüchtigkeit und Wiederholbarkeit in jenem. Die Entschälung des Gegenstands aus seiner Hülle, die Zertrümmerung der Aura ist die Signatur einer Wahrnehmung, deren Sinn für alles Gleichartige auf der Welt so gewachsen ist, daß sie es mittels der Reproduktion auch dem Einmaligen abgewinnt. Atget ist »an den großen Sichten und an den sogenannten Wahrzeichen« fast immer vorübergegangen; nicht aber an einer langen Reihe von Stiefelleisten; nicht an den Pariser Höfen, wo von abends bis morgens die Handwagen in Reih und Glied stehen; nicht an den abgegessenen Tischen und den unaufgeräumten Waschgeschirren, wie sie zu gleicher Zeit zu Hunderttausenden da sind; nicht am Bordell rue … no 5, dessen Fünf an vier verschiedenen Stellen der Fassade riesengroß erscheint. Merkwürdigerweise sind aber fast alle diese Bilder leer. Leer die Porte d'Arcueil an den fortifs, leer die Prunktreppen, leer die Höfe, leer die Caféhausterrassen, leer, wie es sich gehört, die Place du Tertre. Sie sind nicht einsam, sondern stimmungslos; die Stadt auf diesen Bildern ist ausgeräumt wie eine Wohnung, die noch keinen neuen Mieter gefunden hat. Diese Leistungen sind es, in denen die surrealistische Photographie eine heilsame Entfremdung zwischen Umwelt und Mensch vorbereitet. Sie macht dem politisch geschulten Blick das Feld frei, dem alle Intimitäten zugunsten der Erhellung des Details fallen.

Auf der Hand liegt, daß dieser neue Blick am wenigsten da einzuheimsen hat, wo man sich sonst am läßlichsten erging: in der entgeltlichen, repräsentativen Porträtaufnahme. Andererseits ist der Verzicht auf den Menschen für die Photographie der unvollziehbarste unter allen. Und wer es nicht gewußt hat, den haben die besten Russenfilme es gelehrt, daß auch Milieu und Landschaft unter den Photographen erst dem sich erschließen, der sie in der namenlosen Erscheinung, die sie im Antlitz haben, aufzufassen weiß. Jedoch die Möglichkeit davon ist wieder in hohem Grad bedingt durch den Aufgenommenen. Die Generation, die nicht darauf versessen war, in Aufnahmen auf die Nachwelt zu kommen, eher im Angesicht solcher Veranstaltungen sich etwas scheu in ihren Lebensraum zurückzog – wie Schopenhauer auf dem Frankfurter Bilde um 1850 in die Tiefen des Sessels –, eben darum aber diesen Lebensraum mit auf die Platte gelangen ließ: diese

Generation hat ihre Tugenden nicht vererbt. Da gab zum erstenmal seit Jahrzehnten der Spielfilm der Russen Gelegenheit, Menschen vor der Kamera erscheinen zu lassen, die für ihr Photo keine Verwendung haben. Und augenblicklich trat das menschliche Gesicht mit neuer, unermeßlicher Bedeutung auf die Platte. Aber es war kein Porträt mehr. Was war es? Es ist das eminente Verdienst eines deutschen Photographen, diese Frage beantwortet zu haben. August Sander* hat eine Reihe von Köpfen zusammengestellt, die der gewaltigen physiognomischen Galerie, die ein Eisenstein oder Pudowkin eröffnet haben, in gar nichts nachsteht, und er tat es unter wissenschaftlichem Gesichtspunkt. »Sein Gesamtwerk ist aufgebaut in sieben Gruppen, die der bestehenden Gesellschaftsordnung entsprechen, und soll in etwa 45 Mappen zu je 12 Lichtbildern veröffentlicht werden.« Bisher liegt davon ein Auswahlband mit 60 Reproduktionen vor, die unerschöpfli-

---

* August Sander: Antlitz der Zeit. Sechzig Aufnahmen deutscher Menschen des 20. Jahrhunderts. Mit einer Einleitung von Alfred Döblin. München o. J. [1929].

chen Stoff zur Betrachtung bieten. »Sander geht vom Bauern, dem erdgebundenen Menschen aus, führt den Betrachter durch alle Schichten und Berufsarten bis zu den Repräsentanten der höchsten Zivilisation und abwärts bis zum Idioten.« Der Autor ist an diese ungeheure Aufgabe nicht als Gelehrter herangetreten, nicht von Rassentheoretikern oder Sozialforschern beraten, sondern, wie der Verlag sagt, »aus der unmittelbaren Beobachtung«. Sie ist bestimmt eine sehr vorurteilslose, ja kühne, zugleich aber auch zarte gewesen, nämlich im Sinn des Goethischen Wortes: »Es gibt eine zarte Empirie, die sich mit dem Gegenstand innigst identisch macht und dadurch zur eigentlichen Theorie wird.« Demnach ist es ganz in der Ordnung, daß ein Betrachter wie Döblin gerade auf die wissenschaftlichen Momente in diesem Werk gestoßen ist und bemerkt: »Wie es eine vergleichende Anatomie gibt, aus der man erst zu einer Auffassung der Natur und der Geschichte der Organe kommt, so hat dieser Photograph vergleichende Photographie getrieben und hat damit einen wissenschaftlichen Standpunkt oberhalb der Detailphotographen

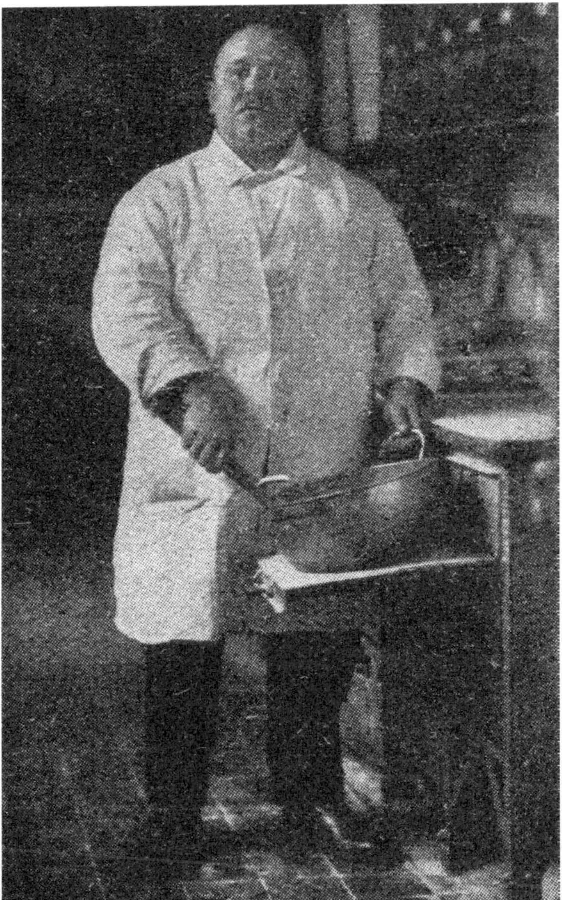

Konditor, ca. 1928, Photo August Sander

gewonnen.« Es wäre ein Jammer, wenn die wirtschaftlichen Verhältnisse die weitere Veröffentlichung dieses außerordentlichen corpus verhinderten. Dem Verlag aber kann man neben dieser grundsätzlichen noch eine genauere Aufmunterung zuteil werden lassen. Über Nacht könnte Werken wie dem von Sander eine unvermutete Aktualität zuwachsen. Machtverschiebungen, wie sie bei uns fällig geworden sind, pflegen die Ausbildung, Schärfung der physiognomischen Auffassung zur vitalen Notwendigkeit werden zu lassen. Man mag von rechts kommen oder von links – man wird sich daran gewöhnen müssen, darauf angesehen zu werden, woher man kommt. Man wird es, seinerseits, den andern anzusehen haben. Sanders Werk ist mehr als ein Bildbuch: ein Übungsatlas.

»Es gibt in unserem Zeitalter kein Kunstwerk, das so aufmerksam betrachtet würde, wie die Bildnisphotographie des eigenen Selbst, der nächsten Verwandten und Freunde, der Geliebten«, hat schon im Jahre 1907 Lichtwark geschrieben und damit die Untersuchung aus dem Bereich ästhetischer Distinktionen in den

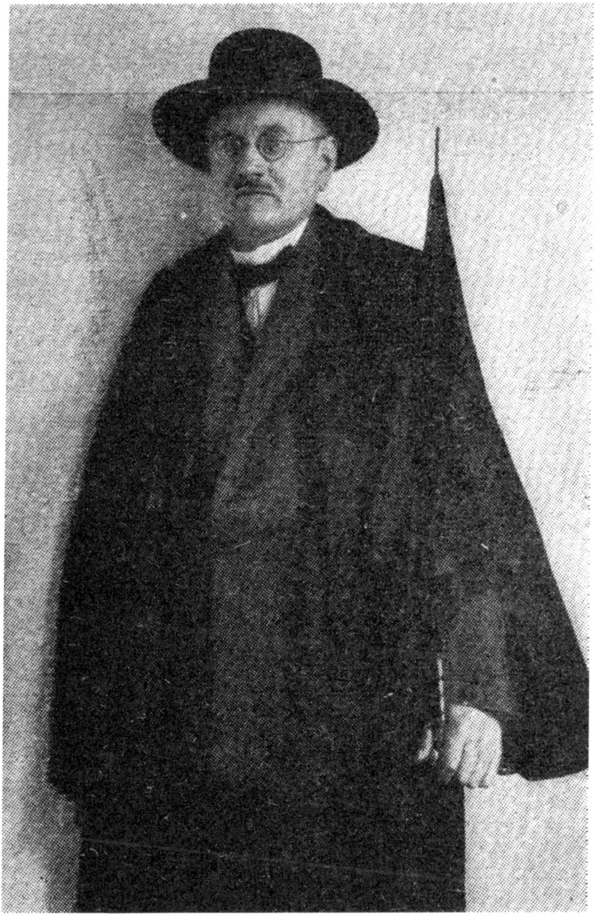

Abgeordneter (Demokrat), 1927, Photo August Sander

sozialer Funktionen gerückt. Nur von hier aus kann sie weiter vorstoßen. Es ist ja bezeichnend, daß die Debatte sich da am meisten versteift hat, wo es um die Ästhetik der »Photographie als Kunst« ging, indes man beispielsweise dem soviel fragloseren sozialen Tatbestand der »Kunst als Photographie« kaum einen Blick gönnte. Und doch ist die Wirkung der photographischen Reproduktion von Kunstwerken für die Funktion der Kunst von sehr viel größerer Wichtigkeit als die mehr oder minder künstlerische Gestaltung einer Photographie, der das Erlebnis zur »Kamerabeute« wird. In der Tat ist der heimkehrende Amateur mit seiner Unzahl künstlerischer Originalaufnahmen nicht erfreulicher als ein Jäger, der vom Anstand mit Massen von Wild zurückkommt, die nur für den Händler verwertbar sind. Und wirklich scheint der Tag vor der Tür zu stehen, da es mehr illustrierte Blätter als Wild- und Geflügelhandlungen geben wird. Soviel vom »Knipsen«. Doch die Akzente springen völlig um, wendet man sich von der Photographie als Kunst zur Kunst als Photographie. Jeder wird die Beobachtung haben machen können, wieviel leichter ein Bild, vor allem aber eine Plastik, und nun gar Architektur, im Photo sich erfassen lassen als in der Wirklichkeit. Die Versuchung liegt nahe genug, das schlechterdings auf den Verfall des Kunstsinns, auf ein Versagen der Zeitgenossen zu schieben. Dem aber stellt sich die Erkenntnis in den Weg, wie ungefähr zu gleicher Zeit mit der Ausbildung reproduktiver Techniken die Auffassung von großen Werken sich gewandelt hat. Man kann sie nicht mehr als Hervorbringungen Einzelner ansehen; sie sind kollektive Gebilde geworden, so mächtig, daß, sie zu assimilieren, geradezu an die Bedingung geknüpft ist, sie zu verkleinern. Im Endeffekt sind die mechanischen Reproduktionsmethoden eine Verkleinerungstechnik und verhelfen dem Menschen zu jenem Grad von Herrschaft über die Werke, ohne welchen sie gar nicht mehr zur Verwendung kommen.

Wenn eins die heutigen Beziehungen zwischen Kunst und Photographie kennzeichnet, so ist es die unausgetragene Spannung, welche durch die Photographie der Kunstwerke zwischen den beiden eintrat. Viele von denen, die als Photographen das heutige Gesicht dieser

Technik bestimmen, sind von der Malerei ausgegangen. Sie haben ihr den Rücken gekehrt nach Versuchen, deren Ausdrucksmittel in einen lebendigen, eindeutigen Zusammenhang mit dem heutigen Leben zu rücken. Je wacher ihr Sinn für die Signatur der Zeit war, desto problematischer ist ihnen nach und nach ihr Ausgangspunkt geworden. Denn wieder wie vor achtzig Jahren hat die Photographie von der Malerei die Stafette sich geben lassen. »Die schöpferischen Möglichkeiten des Neuen, sagt Moholy-Nagy, werden meist langsam durch solche alten Formen, alten Instrumente und Gestaltungsgebiete aufgedeckt, welche durch das Erscheinen des Neuen im Grunde schon erledigt sind, aber unter dem Druck des sich vorbereitenden Neuen sich zu einem euphorischen Aufblühen treiben lassen. So lieferte z. B. die futuristische (statische) Malerei die später sie selbst vernichtende, festumrissene Problematik der Bewegungssimultaneität, die Gestaltung des Zeitmomentes; und zwar dies in einer Zeit, da der Film schon bekannt, aber noch lange nicht erfaßt war ... Ebenso kann man – mit Vorsicht – einige von den heute mit darstellerisch-gegenständlichen Mitteln arbeitenden Malern (Neoklassizisten und Veristen) als Vorbereiter einer neuen darstellerischen optischen Gestaltung, die sich bald nur mechanisch technischer Mittel bedienen wird, betrachten.« Und Tristan Tzara, 1922: »Als alles, was sich Kunst nannte, gichtbrüchig geworden war, entzündete der Photograph seine tausendkerzige Lampe und stufenweise absorbierte das lichtempfindliche Papier die Schwärze einiger Gebrauchsgegenstände. Er hatte die Tragweite eines zarten, unberührten Aufblitzens entdeckt, das wichtiger war als alle Konstellationen, die uns zur Augenweide gestellt werden.« Die Photographen, die nicht aus opportunistischen Erwägungen, nicht zufällig, nicht aus Bequemlichkeit von der bildenden Kunst zum Photo gekommen sind, bilden heute die Avantgarde unter den Fachgenossen, weil sie durch ihren Entwicklungsgang gegen die größte Gefahr der heutigen Photographie, den kunstgewerblichen Einschlag, einigermaßen gesichert sind. »Photographie als Kunst, sagt Sasha Stone, ist ein sehr gefährliches Gebiet.«

Hat die Photographie sich aus Zusammenhängen herausbegeben, wie sie ein Sander, eine

Germaine Krull, ein Bloßfeldt geben, vom physiognomischen, politischen, wissenschaftlichen Interesse sich emanzipiert, so wird sie »schöpferisch«. Angelegenheit des Objektivs wird die »Zusammenschau«; der photographische Schmock tritt auf. »Der Geist, überwindend die Mechanik, deutet ihre exakten Ergebnisse zu Gleichnissen des Lebens um.« Je mehr die Krise der heutigen Gesellschaftsordnung um sich greift, je starrer ihre einzelnen Momente einander in toter Gegensätzlichkeit gegenübertreten, desto mehr ist das Schöpferische – dem tiefsten Wesen nach Variante; der Widerspruch sein Vater und die Nachahmung seine Mutter – zum Fetisch geworden, dessen Züge ihr Leben nur dem Wechsel modischer Beleuchtung danken. Das Schöpferische am Photographieren ist dessen Überantwortung an die Mode. »Die Welt ist schön« – genau das ist ihre Devise. In ihr entlarvt sich die Haltung einer Photographie, die jede Konservenbüchse ins All montieren, aber nicht einen der menschlichen Zusammenhänge fassen kann, in denen sie auftritt, und die damit noch in ihren traumverlorensten Sujets mehr ein Vorläufer von deren Verkäuflichkeit als von deren Erkenntnis ist. Weil aber das wahre Gesicht dieses photographischen Schöpfertums die Reklame oder die Assoziation ist, darum ist ihr rechtmäßiger Gegenpart die Entlarvung oder die Konstruktion. Denn die Lage, sagt Brecht, wird »dadurch so kompliziert, daß weniger denn je eine einfache ›Wiedergabe der Realität‹ etwas über die Realität aussagt. Eine Photographie der Kruppwerke oder der A.E.G. ergibt beinahe nichts über diese Institute. Die eigentliche Realität ist in die Funktionale gerutscht. Die Verdinglichung der menschlichen Beziehungen, also etwa die Fabrik, gibt die letzteren nicht mehr heraus. Es ist also tatsächlich, ›etwas aufzubauen‹, etwas ›Künstliches‹, ›Gestelltes‹.« Wegbereiter einer solchen photographischen Konstruktion herangebildet zu haben, ist das Verdienst der Surrealisten. Eine weitere Etappe in dieser Auseinandersetzung zwischen schöpferischer und konstruktiver Photographie bezeichnet der Russenfilm. Es ist nicht zuviel gesagt: die großen Leistungen seiner Regisseure waren nur möglich in einem Lande, wo die Photographie nicht auf Reiz und Suggestion, sondern auf Experiment und Belehrung ausgeht. In diesem Sinne, und nur in ihm, läßt sich der imposanten Begrüßung, mit der im Jahre 1855 der ungeschlachte Ideenmaler Antoine Wiertz der Photographie entgegenkam, auch heut noch ein Sinn abgewinnen. »Vor einigen Jahren ist uns, der Ruhm unseres Zeitalters, eine Maschine geboren worden, die tagtäglich das Staunen unserer Gedanken und der Schrecken unserer Augen ist. Ehe noch ein Jahrhundert um ist, wird diese Maschine der Pinsel, die Palette, die Farben, die Geschicklichkeit, die Erfahrung, die Geduld, die Behendigkeit, die Treffsicherheit, das Kolorit, die Lasur, das Vorbild, die Vollendung, der Extrakt der Malerei sein … Glaube man nicht, daß die Daguerreotypie die Kunst töte … Wenn die Daguerreotypie, dieses Riesenkind, herangewachsen sein wird; wenn all seine Kunst und Stärke sich wird entfaltet haben, dann wird der Genius es plötzlich mit der Hand am Genick packen und laut rufen: Hierher! Mir gehörst du jetzt! Wir werden zusammen arbeiten.« Wie nüchtern, ja pessimistisch dagegen die Worte, in denen vier Jahre später im »Salon von 1859« Baudelaire die neue Technik seinen Lesern ankündigt. Sie lassen sich so wenig wie die eben angeführten heute ohne eine leise Akzentverschiebung mehr lesen. Aber indem sie von jenen das Gegenstück sind, haben sie ihren guten Sinn behalten als schärfste Abwehr aller Usurpationen künstlerischer Photographie. »In diesen kläglichen Tagen ist eine neue Industrie hervorgetreten, die nicht wenig dazu beitrug, die platte Dummheit in ihrem Glauben zu bestärken ..., daß die Kunst nichts anderes ist und sein kann als die genaue Wiedergabe der Natur ... Ein rächerischer Gott hat die Stimme dieser Menge erhört. Daguerre ward sein Messias.« Und: »Wird es der Photographie erlaubt, die Kunst in einigen ihrer Funktionen zu ergänzen, so wird diese alsbald völlig von ihr verdrängt und verderbt sein, dank der natürlichen Bundesgenossenschaft, die aus der Menge ihr erwachsen wird. Sie muß daher zu ihrer eigentlichen Pflicht zurückkehren, die darin besteht, der Wissenschaften und der Künste Dienerin zu sein«.

Eins aber ist damals von beiden – Wiertz und Baudelaire – nicht erfaßt worden, das sind die Weisungen, die in der Authentizität der Photographie liegen. Nicht immer wird es gelingen, mit einer Reportage sie zu umgehen, deren Klischees nur die Wirkung haben, sprachliche im Betrachter sich zu assoziieren. Immer kleiner wird die Kamera, immer mehr bereit, flüchtige und geheime Bilder festzuhalten, deren Chock im Betrachter den Assoziationsmechanismus zum Stehen bringt. An dieser Stelle hat die Beschriftung einzusetzen, welche die Photographie der Literarisierung aller Lebensverhältnisse einbegreift, und ohne die alle photographische Konstruktion im Ungefähren stecken bleiben muß. Nicht umsonst hat man Aufnahmen von Atget mit denen eines Tatorts verglichen. Aber ist nicht jeder Fleck unserer Städte ein Tatort? nicht jeder ihrer Passanten ein Täter? Hat nicht der Photograph – Nachfahr der Augurn und der Haruspexe – die Schuld auf seinen Bildern aufzudecken und den Schuldigen zu bezeichnen? »Nicht der Schrift-, sondern der Photographieunkundige wird, so hat man gesagt, der Analphabet der Zukunft sein.« Aber muß nicht weniger als ein Analphabet ein Photograph gelten, der seine eigenen Bilder nicht lesen kann? Wird die Beschriftung nicht zum wesentlichsten Bestandteil der Aufnahme werden? Das sind die Fragen, in welchen der Abstand von neunzig Jahren, der die Heutigen von der Daguerreotypie trennt, seiner historischen Spannungen sich entlädt. Im Scheine dieser Funken ist es, daß die ersten Photographien so schön und unnahbar aus dem Dunkel der Großvätertage heraustreten.

hiefür

[illegible]

[illegible]

Wolfgang Matz

DIE WIRKLICHKEIT, DAS BILD

1.

Narziss, so erzählen es die alten Geschichten, war ein schöner junger Mann, begehrt von vielen Liebenden beiderlei Geschlechts. Doch der Umworbene verweigerte sich allen – außer einem. Als er in einer einsamen Quelle sein eigenes Spiegelbild erblickte, war es um ihn geschehen. Er ist verliebt, und er weiß nicht, dass dieser dort er selber ist. Er sieht das bezaubernde Gesicht, es lächelt, erwidert jede Bewegung, doch es bleibt unerreichbar. Narziss stirbt schließlich an unerfüllter Liebe. Kurz zuvor jedoch erkennt er noch, wen er dort im Spiegel sieht: »Iste ego sum«.[1] Das bin doch ich. Aber warum eigentlich? Warum war Narziss von seinem eigenen Bild so überwältigt? Warum hat er sich nicht erkannt? Wusste er nicht, wie er aussah, kannte er nicht sein eigenes Antlitz? Nein, er kannte es nicht. Seit wann überhaupt gibt es Spiegel? Seit wann Bilder? Seit wann kennen Menschen ihr Gesicht? Das selbstverständlich Scheinende ist nicht selbstverständlich. Ein Hirte im letzten Hochtal der Schweiz oder des Piemont, besaß der vor hundert Jahren in seinem hölzernen Haus einen Spiegel? Ein gemaltes Bild von sich selbst hing ganz gewiss nicht an der Wand. Der Mensch sieht die Welt, doch in seinem Bild von der Welt gibt es einen blinden Fleck: Das ist der sehende Mensch. Er sieht alles, doch sich selbst sieht er nicht. Er ist die Mitte der Wahrnehmung, vor sich sieht er sogar seinen Körper, seine Glieder, seine Hände als Teil der Außenwelt, doch was er niemals sehen kann, sind die eigenen Züge, sind Nase, Wangen, Mund, Augen, das eigene Ich. Um dieses zu sehen braucht er Hilfsmittel: den flüchtigen Reflex auf schillerndem Wasser, das virtuelle Bild im Spiegel aus Metall oder Glas, das gemalte, gezeichnete, also das endlich festgehaltene Bild auf stabilem Grund. Wie viele Jahrhunderte mussten vergehen, bis aus einem seltenen Vorzug die allgemeine Kulturtechnik wurde? Und was geschieht, seitdem tatsächlich jeder sein Bild hundertfach besitzt? Sieht er es endlich, das eigene Ich? Die Geschichte von Narziss ist die Geschichte von der Entdeckung des eigenen Gesichts, und damit ist sie auch das erste Kapitel der langen Vorgeschichte der Fotografie.

2.

Walter Benjamin publiziert die *Kleine Geschichte der Photographie* im Jahr 1931. Er betrachtet sie selbstbewusst als frühesten Versuch, sich der Entwicklung des ersten Jahrhunderts der Fotografie theoretisch und ästhetisch anzunähern. Sicher zurecht. Was allerdings aus der Untersuchung nicht hervorgeht, ist ihr Zusammenhang mit jenem riesigen Projekt, das ihn mehr als alles andere in diesem beginnenden Jahrzehnt beschäftigen wird. »Schmerzlich freilich ist die Andeutung über die Passagenarbeit«, schreibt er am 28. Oktober 1931 an den Freund Gershom Scholem, »Du hast erkannt, daß die Studie über

Photographie aus Prolegomena zu ihr hervorging; aber was wird es da je mehr geben als Prolegomena und Paralipomena«.[2] Nach dem Scheitern der Habilitation über den *Ursprung des deutschen Trauerspiels* im Sommer 1925 beschleunigt sich der Prozess einer umfassenden Neuorientierung. Das weiträumige Projekt, das sich nun herausschält, ist aufs engste verbunden mit der Stadt, die Benjamin schon immer angezogen hat, und bald wird sie zum Ort seines dauerhaften Exils: Paris. Der Ausdruck »Passagenarbeit« umreißt den ganzen Komplex nur skizzenhaft. Das eigentliche Werk, *Paris, die Hauptstadt des XIX. Jahrhunderts*, bleibt unvollendet. Die ersten Ideen gingen zurück auf die zwanziger Jahre, die Zeit der Essays und Feuilletons. Am Ursprung stand der Plan zu einem kleinen Text, den Benjamin gemeinsam mit Franz Hessel schreiben wollte, seinem Freund und Mitübersetzer bei Prousts *À la recherche du temps perdu*. Gedacht hatten die beiden an Momentaufnahmen des Flaneurs, und was der sieht, sind Straßen, Plätze, Schaufenster und Reklame, Cafés und Restaurants, Panoramen, Passagen, Geschäfte aller Art. Die Sache wurde nicht fertig, modifiziert, aufgeschoben. In den Dreißigern des zwanzigsten Jahrhunderts gibt es sie noch, die pittoresken Überreste des neunzehnten, eine Sache der historischen Archäologie. Als Benjamin das niemals vergessene Projekt wieder aufnimmt, nunmehr allein, wird aus der feuilletonistischen Improvisation etwas vollkommen anderes, nämlich die monumentale, historische und philosophische Untersuchung zu dem, was er »Urgeschichte des XIX. Jahrhunderts« nennt.

Die Passagenarbeit wird zum Versuch einer materialistischen Geschichtsphilosophie – als eine Theorie, welche ganz konkret die materiellen Phänomene in den Blick nimmt, die Entdeckungen, Neuerungen in Technik, Kultur, Produktion, all das, was den Fortschrittsprozess des neunzehnten Jahrhunderts antreibt und zugleich das Bild des Jahrhunderts von sich selbst bestimmt. Zu diesen emblematischen Neuerungen zählen besonders jene Techniken, die alle Wahrnehmungsarten, Lebensgewohnheiten radikal umwerfen: Die Gasbeleuchtung der Straßen macht die jahrhundertelange dunkle Nacht der Städte durchschaubar; die Eisenbahn reduziert die Entfernungen und erweitert die erfahrbare Geografie vom Radius des Fußgängers oder Pferdes zu dem des beschleunigten Schienennetzes; die Fotografie steigert nicht nur unerhört die Zahl aller möglichen Bilder, sie verändert auch zutiefst das Verständnis von dem, was das Bild der Welt ausmacht. Benjamin hat sich erstaunlich selten mit der Eisenbahn beschäftigt, umso mehr mit Gasbeleuchtung und Fotografie. Erstaunlich, weil gerade die Eisenbahn von den Zeitgenossen als die politischste Erfindung verstanden wurde, als das demokratische, weil gleichmachende Verkehrsmittel schlechthin. Weniger erstaunlich, weil gerade die Fotografie durch die Überschneidung von Technik und Kultur dann doch wieder in das traditionelle Interessengebiet des Literaten und auch Künstlers Benjamin hineinpasste – und damit in jenes Projekt aus dem Umkreis der Passagenarbeit, das er am gründlichsten und weitesten vorangetrieben hat: in die Untersuchung *Das Kunstwerk im Zeitalter seiner technischen Reproduzierbarkeit* aus dem Jahr 1936. Die *Kleine Geschichte der Photographie* gehört in einen breiten Zusammenhang, den der Autor nach der Niederschrift der *Kunstwerk*-Abhandlung so charakterisierte: »Und ich kann jetzt behaupten, daß es die materialistische Theorie der Kunst, von der man viel hatte reden hören, nun gibt.«[3]

Bemerkenswert dabei, dass Benjamin seine »materialistische Theorie der Kunst« tatsächlich im engen Sinne versteht, also als Theorie der *bildenden* Kunst, Theorie des Bildes. Nahegelegen hätte ebenso die Musik, denn durch die Erfindung von Phonograph, Grammophon und Schallplatte seit den Siebzigern des neunzehnten Jahrhunderts wurde die singuläre Aufführung eines musikalischen Werkes ebenfalls unterlaufen. Jedoch spielt die akustische Reproduktion für die Wahrnehmung des Modernisierungsschubs im neunzehnten Jahrhundert, für die »Verwandlung der Welt«[4], nicht nur bei Benjamin eine deutlich geringere Rolle. Das ist nicht nur persönliche Vorliebe, vielmehr tief verankert in der optischen Vorstellung von Wirklichkeit – im *Bild* von der Welt. Und dieses ändert sich massiv mit der materiellen Transformation der Abbildbarkeit. Benjamins Konzentration auf eine Theorie der *bildenden*

Kunst liegt in der Konsequenz seines historischen Erkenntnisinteresses: Die »Urgeschichte des XIX. Jahrhunderts«, die er mit der Passagenarbeit verfolgt, beruht ganz wesentlich auf Materialien der *sichtbaren* Welt, auf den archäologischen Beobachtungen des Großstädters, des Flaneurs, des Intellektuellen, beruht auf Mode, Straßenbau, Eisenkonstruktionen, Prostitution, Panoramen, Passagen. Die Fotografie aber ist das, was dieses Jahrhundert *sichtbar* macht, in eben diesen konkreten, materiellen Phänomenen. Und dadurch wird das neunzehnte Jahrhundert prinzipiell anders sichtbar als jedes zuvor: Mode, Straßenbau, Eisenkonstruktionen, Prostitution, Panoramen, Passagen sind in der Imagination sofort verbunden mit ihrer äußeren Wirklichkeit in der frühen Fotografie.

Was Benjamin mit der *Kleinen Geschichte* angreift, ist jener »Banausenbegriff von der ›Kunst‹ […], dem jede technische Erwägung fremd ist und welcher mit dem provozierenden Erscheinen der neuen Technik sein Ende gekommen fühlt«.[5] Trotz dieser Insistenz auf einen materialistischen Begriff der künstlerischen Technik stellt er nur sehr wenige Überlegungen an zur eigentlichen Technik der Fotografie; seine ganze Argumentation kreist um die neue Möglichkeit der Reproduzierbarkeit des Bildes. Einige Überlegungen sind dabei offenkundig stark zeitgebunden; wenn Benjamin etwa den Film als Teilgebiet der Fotografie erörtert, dann wird das nachvollziehbar nur aus jener historischen Anfangszeit, die – entsprechend dem bekannten Motto »Als die Bilder laufen lernten« – den Film allein als Abfolge in Bewegung gesetzter, zunächst statisch vorgestellter Fotos verstand. Das ist von heute aus nicht mehr denkbar; die Gemeinsamkeit der Technik durch Aufnahme mit Kamera und Filmmaterial wird weit überboten durch die starken Unterschiede von Statik hier und Dramaturgie, Handlung und Bewegung dort.

Besonders zeitgebunden sind gewiss auch alle Versuche, die Entwicklung der Fotografie und der Kunst ganz unvermittelt auf gesellschaftliche Verhältnisse zu beziehen; am stärksten prägt das dann den *Kunstwerk*-Aufsatz und die Studien zu Baudelaire; die kontroversen Diskussionen vor allem mit Adorno sind bekannt.[6] Doch bereits in der *Kleinen Geschichte der Photographie* sind die Versuche zu einer solchen Interpretation nicht überzeugend. Dass bestimmte künstlerische Praktiken »in unterirdischem Zusammenhang mit der Erschütterung der kapitalistischen Industrie stünden«[7]; dass die »Aura [...] mit der Verdrängung des Dunkels durch lichtstärkere Objektive aus dem Bilde genau so verdrängt wurde wie durch die zunehmende Entartung des imperialistischen Bürgertums aus der Wirklichkeit«[8], die Unmöglichkeit, solche Kurzschlüsse irgendwie materiell zu begründen, macht sie zum Gegenteil des Gewollten, zu feuilletonistischem Zeitgeist; das positiv eingesetzte Brecht-Zitat: »Eine Photographie der Kruppwerke oder der A.E.G. ergibt beinahe nichts über diese Institute«[9] ist letztlich keine Erkenntnis, sondern Trivialität. Trotzdem, die politische, gesellschaftliche Bedeutung von Benjamins Text ist nicht zu unterschätzen, liegt jedoch eher in den immanenten Versuchen zum Verständnis der Fotografie und der von ihr verursachten Verwandlung der Welt.

Geht man also zurück auf den ausschließlichen Bereich der Fotografie selber, so ergibt sich durch den Begriff der technischen Reproduzierbarkeit des Kunstwerks zunächst eine begriffliche Unschärfe mit weitreichenden Konsequenzen. Benjamin nämlich spricht keinesfalls nur von Kunstwerken. Präziser gesagt, er unterscheidet nicht durchweg zwischen zwei vollkommen unterschiedlichen Anwendungsmodi der Technik in Hinsicht auf das Kunstwerk: Auf der einen Seite die reproduzierende Wiedergabe von solchen Kunstwerken, die an sich vollkommen außerhalb der angewendeten Technik bleiben; so die fotografische Wiedergabe von Zeichnungen, Gemälden, Bauwerken für Bücher, Zeitschriften, Kataloge – wie in vorausgegangenen Jahrhunderten durch Stahlstich; auf der anderen Seite aber jene Kunstformen, die unmittelbar auf der Reproduktionstechnik selbst beruhen; gerade der Film gibt keineswegs das Abbild eines vorausgehenden, von ihm unabhängigen Werks, sondern begründet allein aus sich selbst heraus ein neues, ganz eigenständiges. Analoges kann die Musik illustrieren: hier die bloße Tonkonserve einer Aufführung mit traditionellen Instrumenten, dort die neue Musik mit dem aktiven Einsatz von Tonband und anderen Aufzeichnungsmitteln. Das erste ist ein reiner Reproduktionsvorgang, eine künstlerische Technik ausschließlich das zweite. Die Fotografie nun kann beides sein, und es ist folgenreich, dass Benjamin hier nicht unterscheidet. Die Frage nach dem Kunstcharakter der Fotografie spielt in seinem Essay eine erhebliche Rolle, nicht aber wird erwogen, dass sie prinzipiell nur für den zweiten dieser Teilbereiche überhaupt gestellt werden kann, für den nämlich, wo eigene ästhetische, künstlerische Kategorien greifen. Benjamin spannt seine Argumentation über einen weiten Bogen fotografischer Arbeit: von frühen Porträts über Stadtaufnahmen bis hin zur vergrößernden Reproduktion architektonischer Details oder zu den seinerzeit äußerst beliebten sequenzierten Bewegungsabläufen etwa eines Gehenden, dessen festgehaltene momentane Positionen zuvor tatsächlich »unsichtbar« waren.

Die Unterscheidung aber ist essentiell, wie die weitere Entwicklung zeigt. Die extremen Fortschritte bis hin zur Digitaltechnik unserer Tage machen es möglich, reproduzierte Gemälde oder auch astronomische Phänomene in bis dato unerreichbarer Farbqualität abzubilden; dennoch ist zweifelhaft, ob daraus etwas folgt für das Verständnis von Fotografie in ästhetischer oder geschichtlicher Hinsicht. Und im Grunde ist dieser Zweifel auch Benjamins *Kleiner Geschichte* indirekt bereits eingeschrieben: Sein Interesse, das zeigt schon allein der Umfang der entsprechenden Passagen, richtet sich trotz aller Vorbehalte auf die im weiteren Sinne künstlerische Fotografie, und hier auf das Bild der menschlichen Umwelt und des Menschen selber, auf das Gesicht des Menschen, das Porträt. Das älteste bekannte Bild, auf dem ein Mensch zu sehen ist, stammt von Louis Daguerre, aufgenommen am 7. Januar 1839 auf dem Boulevard du Temple in Paris: Ein Schuhputzer und sein Kunde. Ob sie sich selbst je gesehen haben auf dieser Fotografie?

3.

Von Anfang an bestimmt die Frage nach ihrem Kunstcharakter, also der Vergleich mit der Malerei, die Diskussion über Fotografie – und das tut sie auch in Benjamins Abhandlung. Deren

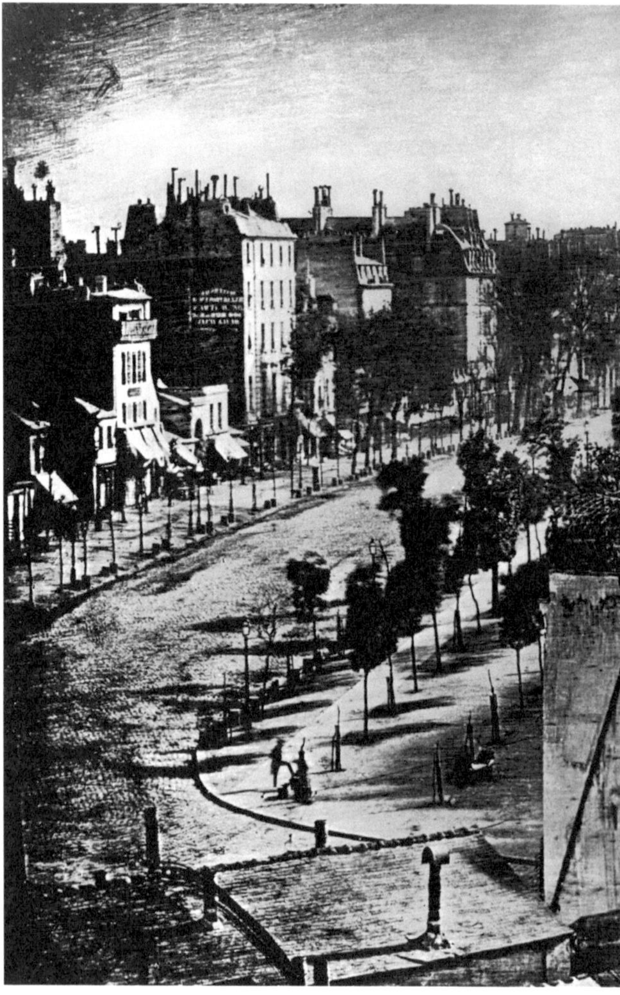

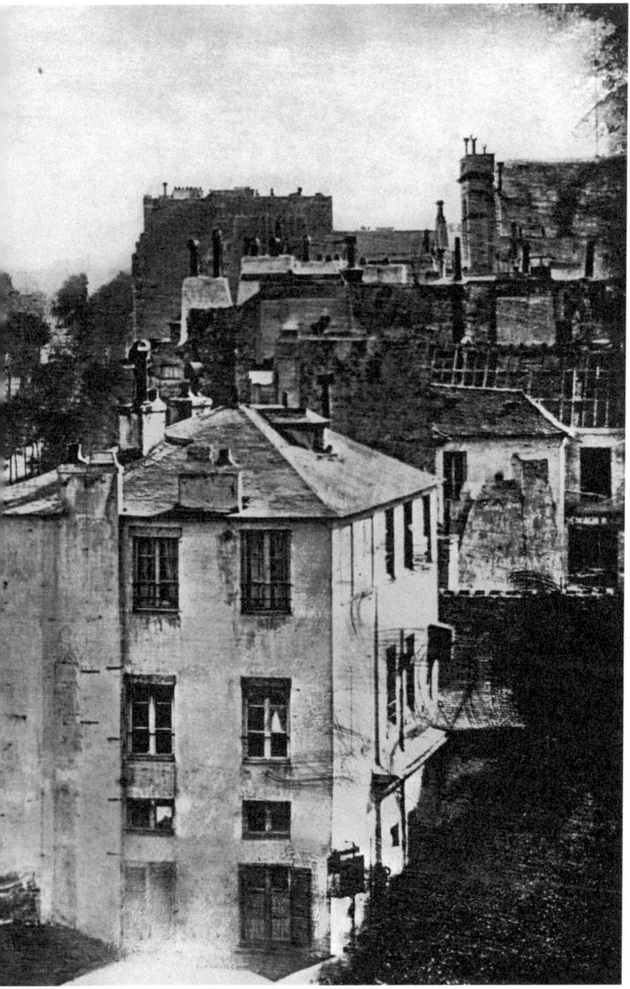

Boulevard du Temple, Paris, 1839. Foto Louis Daguerre

Verdienst aber besteht darin, dass sie diese Auseinandersetzungen vom Kopf auf die Füße stellt: »Denn sie unternahmen nichts anderes, als den Photographen vor eben jenem Richterstuhl zu beglaubigen, den er umwarf.«[10] Mit anderen Worten: Viel zu lange wurde die Fotografie an einem Maßstab gemessen, den allein die Malerei vorgab, als wolle die Fotografie die Malerei ein- oder überholen wie der Hase den Igel. Benjamin aber insistiert, dass die fotografische Technik ihre eigenen Maßstäbe setzt. Fotografie gewinnt nicht an Dignität, je mehr sie sich der Malerei imitierend annähert; sie gewinnt nur in der Konsequenz des eigenen Verfahrens. Im fortschrittsgläubigen Furor der Industrialisierung konzentrierte sich der Konflikt zunächst auf eine Frage, die sich in der künstlerischen Realität überhaupt nicht stellte: Ob nämlich die Fotografie die bildenden Künste, Malerei und Grafik, verdrängen werde. Tatsächlich aber gab es dafür auch damals keinerlei Anzeichen, die Malerei florierte wie zuvor in immer neuen Ausdrucksformen. Nur ein relativ schmaler, klar begrenzter Bereich wurde verdrängt, und hier greift auch Benjamins materielle Erklärung:

Die Porträtminiatur zum Alltagsgebrauch verlor sehr schnell ihre Funktion der präzisen Darstellung eines wiedererkennbaren Individuums, eine Aufgabe, die das Fotoporträt schon nach kurzer Zeit schneller und billiger übernahm und vor allem: mit einem anscheinend unendlich größeren Realitätsgehalt.

Dieser Realitätsgehalt ist nun das eigentliche Problem der neuen fotografischen Technik, wie ungeschickt auch immer die Theoretiker sich ihm zunächst stellten. Als frühe Ausnahme zitiert Benjamin Baudelaires *Salon von 1859*: »In diesen kläglichen Tagen ist eine neue Industrie hervorgetreten, die nicht wenig dazu beitrug, die platte Dummheit in ihrem Glauben zu bestärken …, daß die Kunst nichts anderes ist und sein kann als die genaue Wiedergabe der Natur …«[11] Die Fotografie also bewirkt eine doppelte Scheidung: Gerade weil sie auf den ersten Blick tatsächlich eine exaktere Wiedergabe der Natur zu liefern scheint, macht sie klar, dass diese Genauigkeit kein Kriterium ist für Kunst; und zum anderen entfernt sich genau deshalb die Malerei umgekehrt von eben diesem Anspruch der Naturwiedergabe. Dass der Impressionismus parallel zur Fotografie entsteht, ist bekanntlich kein Zufall, angetrieben von einem doppelten Prozess. Unübersehbar betont der impressionistische Blick die bewusste Distanz zur fotografisch genauen Abbildung der Welt. Zugleich aber ist dieser Blick auf die erscheinende Oberfläche, also die Wahrnehmung konkreter Dinge als optisches Phänomen, zutiefst inspiriert von der Fotografie; gerade die fotografische Apparatur tut ja nichts anderes, als, je nach Umständen von Wind und Wetter, Schatten und Licht, die erscheinenden Reflexionen zu fixieren – und nicht etwa das »Wesen« der Dinge. Umgekehrt ist gerade der Maler imstande, aus einem Sonnenuntergang über dem Meer ein Bild zu destillieren, das, in seinen verschiedenen Schärfe- und Durchleuchtungsgraden, unter den Einflüssen von Atmosphäre, Helligkeiten, Blendung, dem wandernden Blick des bloßen Auges niemals sichtbar gewesen ist.

Die frühen Theoretiker – und auch Benjamin ist nicht frei davon – betrachteten die Sache vor allem in einer Richtung: als Gefährdung der traditionellen Kunst im Zeitalter der technischen

Reproduzierbarkeit. Nicht in seiner Tragweite erkannt blieb, dass diese traditionelle Kunst imstande war, Elemente der Fotografie in produktiver Weise aufzunehmen, aber dennoch nicht nur in der von Benjamin gewiesenen avantgardistischen Richtung von Montage, Collage. Ein Beispiel dafür sind die Brüder Gustave und Martial Caillebotte, Maler und Fotograf; es gibt kein Anzeichen, dass Benjamin ihr Werk kannte.[12] 1876 vollendete Gustave Caillebotte eins seiner berühmtesten Gemälde, zugleich ein emblematisches Bild der *modernité*: »Le Pont de l'Europe«. Der Pariser Pont de l'Europe überspannt die Gleisanlagen der Gare Saint-Lazare unmittelbar vor der Einfahrt in die Bahnhofshalle; die riesige Brückenkonstruktion aus Stahlträgern, 1868 eröffnet, wurde Gegenstand zahlreicher Darstellungen in Malerei und Fotografie; berühmt auch die in leuchtenden Farben dampf- und rauchdurchwehten Bahnsteige von Claude Monet. Caillebottes »Pont de l'Europe« ist eine monumentale Darstellung, im optischen Zentrum das flanierende Paar. Aus dem Umkreis der Entstehung jedoch gibt es eine bedeutende Reihe von Ansichten, die ohne die Erfahrung der Fotografie undenkbar sind: ein schräger Schnitt in die gekreuzten Träger, eine Nahansicht des grauen Stahls, eine organische menschliche Silhouette vor einem Fond im geometrischen Raster der Konstruktion. Besonders die Wahl des Ausschnitts folgt hier einem Prinzip, als sei sie technisch vorgegeben wie durch den Rahmen, den die Kamera zwangsläufig setzt. Der Maler strukturiert sein Bild durch eine Perspektive, als handle es sich um Fotografie.

Dennoch, die Gegenüberstellung von Caillebottes Gemälde und der zeitgenössischen, anonymen Fotografie aus dem Jahr 1873 lenkt den Blick sofort auf den bleibenden, den fundamentalen Unterschied in der Wahrnehmung, ein Unterschied, den Benjamin andeutet, umkreist, aber in seiner zentralen Bedeutung trotzdem nicht ausspricht. Auslöser seiner Überlegung ist wiederum das menschliche Porträt, hier aus der fotografischen Frühzeit: »Hat man sich lange genug in so ein Bild vertieft, erkennt man, wie sehr auch hier die Gegensätze sich berühren: die exakteste Technik kann ihren Hervorbringungen einen magischen Wert geben, wie für uns ihn ein gemaltes Bild nie mehr be-

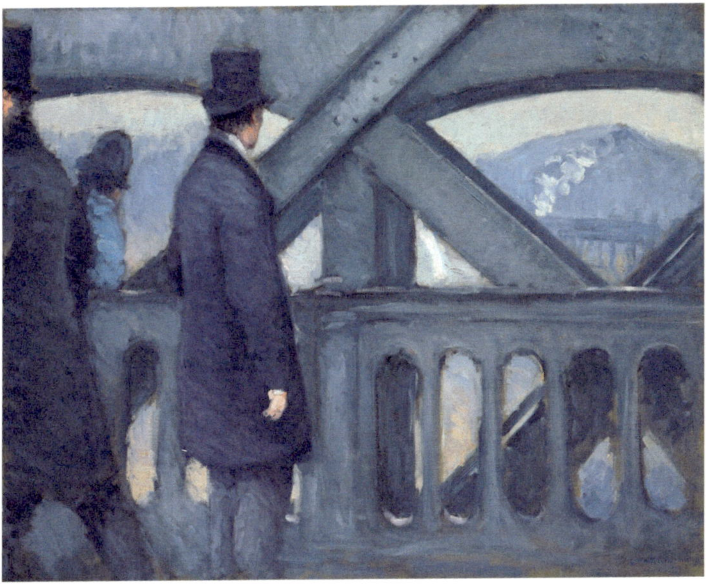

Gustave Caillebotte, *Sur le Pont de l'Europe*, 1876

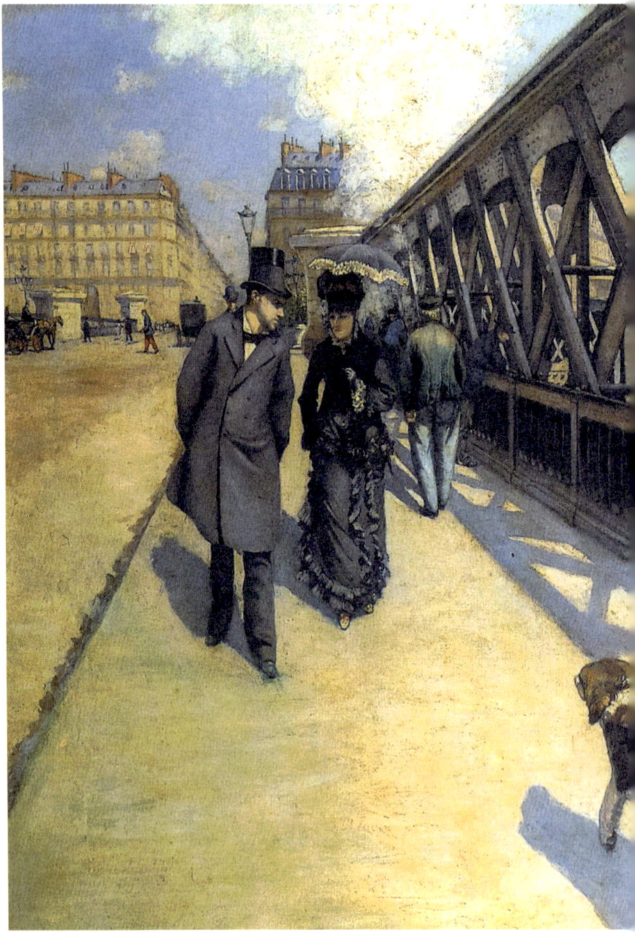

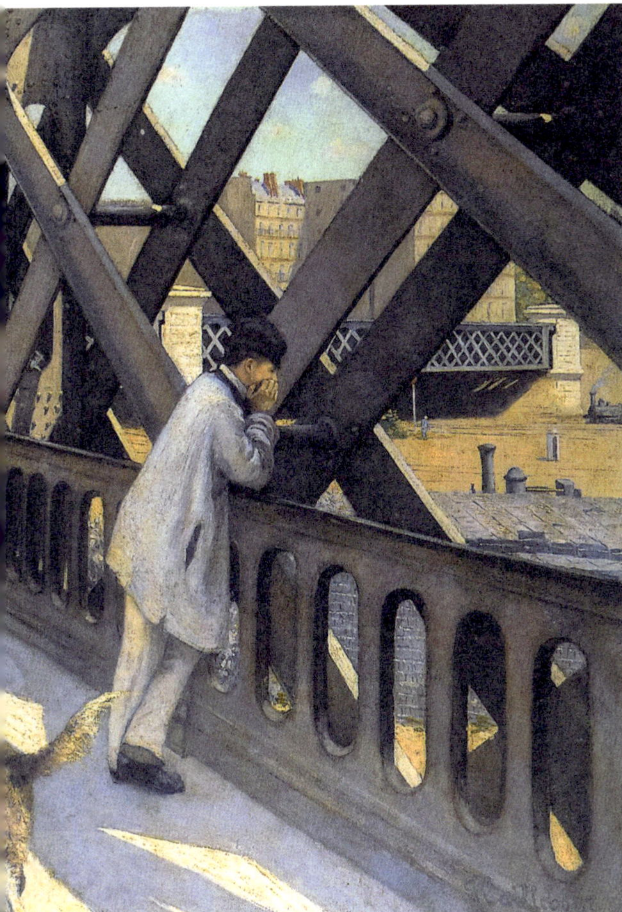

Gustave Caillebotte, *Le Pont de l'Europe*, 1876

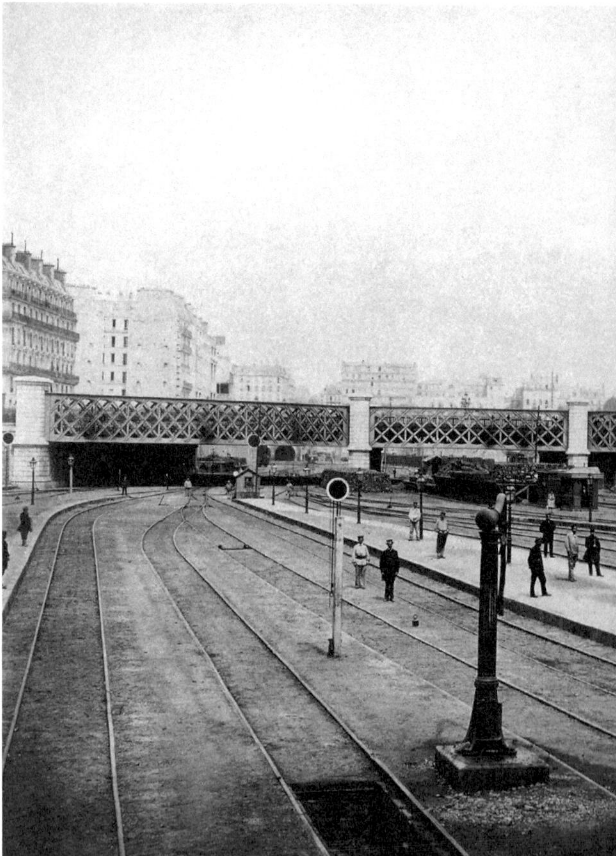

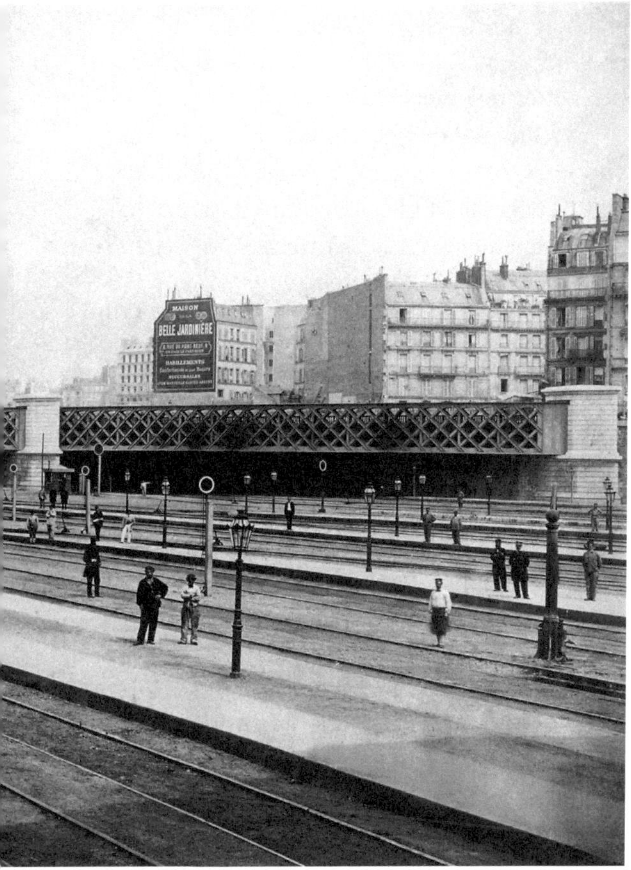

Le Pont de l'Europe, 1873, unbekannter Fotograf

sitzen kann. Aller Kunstfertigkeit des Photographen und aller Planmäßigkeit in der Haltung seines Modells zum Trotz fühlt der Beschauer unwiderstehlich den Zwang, in solchem Bild das winzige Fünkchen Zufall, Hier und Jetzt, zu suchen, mit dem die Wirklichkeit den Bildcharakter gleichsam durchgesengt hat, die unscheinbare Stelle zu finden, in welcher, im Sosein jener längstvergangenen Minute das Künftige noch heut und so beredt nistet, daß wir, rückblickend, es entdecken können.«[13] Zugespitzt auf den entscheidenden Kern, auf die entscheidende Differenz zur Malerei: Die Fotografie suggeriert dem Betrachter, er sehe die Wirklichkeit selbst; sehe gleichsam durch das Bild hindurch die wirkliche Brücke, sehe die wirkliche Straße, sehe das wirkliche Haus. Das fotografische Bildnis eines Menschen suggeriert mit unwidersprechlicher Kraft: Das da, das ist er selbst, der wirkliche Mensch.

Die Bildtheorie wird diese Haltung für naiv erklären, zurecht, die Suggestion ist trotzdem unüberwindlich. Und selbst bei dem Wissen, dass auch eine Fotografie nicht einfach die Wirklichkeit *ist*, sondern Bild, wird es produktiver, nach den starken Gründen für diese Suggestion zu fragen. Zunächst und vor allem: Das Foto kann nicht existieren ohne die dargestellte Wirklichkeit, es ist der Beweis, dass es diesen Moment gegeben hat, dieses Hier und Jetzt. Das Paar auf dem Pont de l'Europe, der streunende, entgegenkommende Hund, nichts versichert den Betrachter, dass es sie wirklich gegeben hat, denn ebenso gut wurden sie vielleicht vom Maler so und nicht anders hineinerfunden, hineinmontiert. Den Schuhputzer und seinen Kunden jedoch *muss* es gegeben haben, und es hat sie gegeben, am 7. Januar 1839, auf dem Boulevard du Temple in Paris. Das gleiche Foto vorgestellt als Gemälde: Wie »fotografisch« getreu auch immer der Künstler den Boulevard gemalt hätte, die zwei kleinen Figuren wären dort mit dem Pinsel hingetupft als schwarze Striche, als ein zentrales, notwendiges Bildelement zwar, doch ohne die zwingende Wirklichkeit des Hier und Jetzt auf der Fotografie. Deren Suggestion war von Anfang an so stark, dass schon die frühesten Betrachter das Fehlen eines zentralen Merkmals von Wirklichkeit gleichsam übersahen: das Fehlen der Farbe. Die lange

Belichtungszeit ließ die Menschen verschwinden aus geisterhaft leeren Straßen und Plätzen; die Fotografien waren schwarz und weiß, schattenhaft, unscharf; gleichwohl – der Betrachter erblickte in ihnen das Auftauchen der Wirklichkeit aus der Nacht des Unsichtbaren.

Die Quellen für seine *Kleine Geschichte* nennt Benjamin selbst: eine Anthologie früher Aufnahmen zwischen 1840 und 1870; Monografien zu David Octavius Hill, Karl Blossfeldt, Eugène Atget, August Sander; erwähnt werden noch Karl Dauthendey, Gisèle Freund und indirekt Albert Renger-Patzsch. Die Basis ist nicht sehr breit. Das größte Gewicht liegt dabei auf dem Bild des Menschen. Benjamins Ausführungen besonders zu den frühen Menschendarstellungen von David Octavius Hill sind durchdrungen von dieser Idee eines Auftauchens der Wirklichkeit, und das setzt sich fort zu den späteren Aufnahmen von August Sander: Seien es Typen, die hier dargestellt werden, seien es Individuen, die Fotografie ist zugleich Dokumentation. Das gleiche gilt für die frühen Stadtansichten, etwa Atgets Paris. An dieser Stelle zerfällt denn auch die alte Frage nach der

Kunst, wird neu und anders gestellt: Natürlich ist Fotografie als solche nicht prinzipiell Kunst; ob man fotografische Werke dann in ihren anspruchsvollen Gestaltungen als Kunst versteht, ist eine Frage des sich historisch wandelnden Kunstverständnisses. Für die frühen Bilder, von denen Benjamin spricht, ist die Frage dagegen bürokratisch und irrelevant: Die ästhetische Bedeutung von Hills »Fischweib aus New Haven«, von Atgets Pariser Gassen liegt nicht in der müßigen Frage, ob einer sie nun zu Kunst erklärt oder nicht, sie liegt in dem Bruch, den sie bewirken für jede Wahrnehmung und jedes Verständnis von Wirklichkeit. In der Fotografie geht es nicht um Fragen der Kunst, es geht um *Präsenz* der flüchtigen Wirklichkeit.

Diesen Bruch beschreibt Benjamin mit Hilfe eines Phänomens, das er Aura nennt. Die technische Reproduzierbarkeit des Kunstwerks zerstöre die Aura im Sinne eines fortgeschrittenen Verhältnisses des Betrachters zur Kunst. Die Problematik von Benjamins Begriff der Aura ist häufig diskutiert worden, doch gerade seine Unschärfe und immer changierende Definition macht die Kritik schwierig.[14] Wenn Benjamin schreibt, »die exakteste Technik kann ihren Hervorbringungen einen magischen Wert geben«[15], dann verweist die paradoxe Formulierung auf das magische Moment, das auch seiner Idee der Aura innewohnt: »Ein sonderbares Gespinst von Raum und Zeit: einmalige Erscheinung einer Ferne, so nah sie sein mag.«[16] Seltsam genug, dass Benjamin ausgerechnet in der modernen, rationalen Technik einen »magischen Wert« erkennt, zugleich aber von ihr die »Zertrümmerung der Aura«[17] erwartet, das Ende des auratischen Kunstwerks. Ist beides in einem überhaupt denkbar? Bestätigt hat die Geschichte von diesen Annahmen nur die erste; die allgemeine »Zertrümmerung der Aura« blieb aus, und unter den Bedingungen der massenhaften Verbreitung von Digitalbildern ist schließlich sogar besonders exklusiven, womöglich signierten Abzügen bekannter Fotografen jener Einmaligkeitswert zugewachsen, den laut der Theorie auch die tatsächlich einmaligen Gemälde einbüßen sollten. Dagegen hat sich die auratische, magische Ausstrahlung, die Benjamin bei den frühesten Fotos beschrieb, im Laufe der Zeit weiter und weiter vorangeschoben in die fortschreitend zu Vergangenheit werdende Gegenwart, und selbst Aufnahmen aus den sechziger, siebziger Jahren des zwanzigsten Jahrhunderts sind inzwischen mit einer Patina belegt, als zeigten auch sie schon die ersehnte, doch auf immer verlorene Zeit.

Könnte es sein, dass die Aura am Ende gerade das ist: diese Patina der vergangenen Zeit, des vergangenen, gelebten Lebens? Dieser Augenblick, wenn der Betrachter in der Fotografie die Zeit aufblitzen sieht, die Vergänglichkeit, ein Stück vergangene Gegenwart? Einige Jahre später wird Benjamin in den Thesen *Über den Begriff der Geschichte* schreiben, »daß das Bild von Glück, das wir hegen, durch und durch von der Zeit tingiert ist, in welche der Verlauf unseres eigenen Daseins uns nun einmal verwiesen hat. Glück, das Neid in uns erwecken könnte, gibt es nur in der Luft, die wir geatmet haben, mit Menschen, zu denen wir hätten reden, mit Frauen, die sich uns hätten geben können«.[18] Die Fotografie mit der Suggestion der in ihr erscheinenden Wirklichkeit ist durchweht von der Luft, die wir geatmet haben. Jeder Mensch, den wir auf einem Foto sehen, hat Teil an der ursprünglichen Erfahrung, im Bild sich selber zu entdecken, die eigene Wirklichkeit.

4.

Es gibt die Welt, und es gibt das Bild von ihr. Benjamin beschäftigt sich in der *Kleinen Geschichte* – so wie auch andere Theoretiker – mit den Auswirkungen der technischen Reproduzierbarkeit von Bildern auf andere Bilder, auf die Wahrnehmung dieser Bilder, also auf das Verhältnis, die Konkurrenz verschiedener Bildtypen untereinander. Viel weniger in den Blick genommen wird die verborgene Art, wie das Bild, wie die verschiedenen Bildtechniken die Wirklichkeit selbst verändern, wie sie das innere Bild von der Welt verändern.

»Henri Beyle, als Romancier bekannt unter seinem Nom de plume Stendhal, ist der letzte große Autor des neunzehnten Jahrhunderts, von dem keine Photographie existiert. Balzac, Nerval, Flaubert und Stifter wurden photographiert, Chateaubriand, Novalis und Goethe nicht. Der alte Eichendorff, ein Dichter, so tief verwurzelt in einer vormodernen Welt, erscheint auf mehreren Porträtaufnahmen, der Dandy Baudelaire noch um vieles öfter, doch er hasste die neue Technik.«[19] Entsprechendes gilt für Dinge, Pflanzen, Landschaften, Straßen, Städte. Stendhals Paris ist ein gemaltes Paris, Baudelaires Paris ein fotografiertes Paris. Wie Stendhal aussah, setzt man sich in der Vorstellung zusammen aus unterschiedlichen, einander nicht immer ähnelnden Porträts; wie Baudelaire aussah, definiert nicht Delacroix' Bildnis, das definieren die Fotografien von Nadar und Carjat. Die vorfotografische Zeit überlässt sehr viel der Imagination, unendlich viel: Städte, Dörfer, Häuser, Straßen wurden gezeichnet und gemalt, doch nichts davon zeigt das Hier und Jetzt in seiner zwingenden Präsenz, sondern jedes Bild ist eine ästhetische Synthese von Wirklichem und Stilisiertem, Besonderem und Verallgemeinertem, Zeitlosem und Gegenwärtigem. Das aber bedeutet: Die umfassende optische Wirklichkeit jener Epochen existiert für die Nachgeborenen nur in der Imagination.

Dann aber, in der Mitte des neunzehnten Jahrhunderts, taucht aus den Tiefen dieser ima-

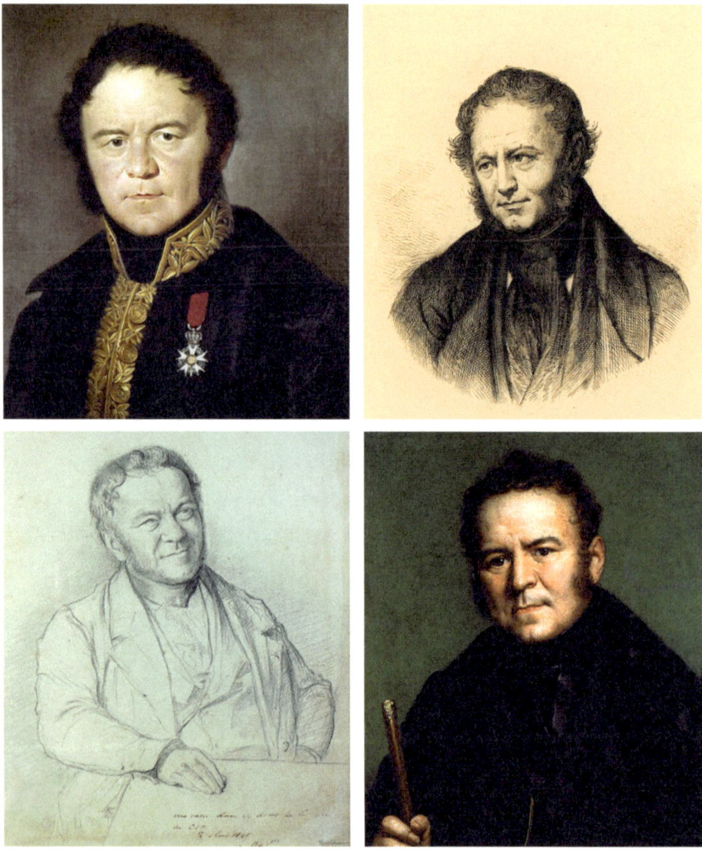

Porträts von Stendhal

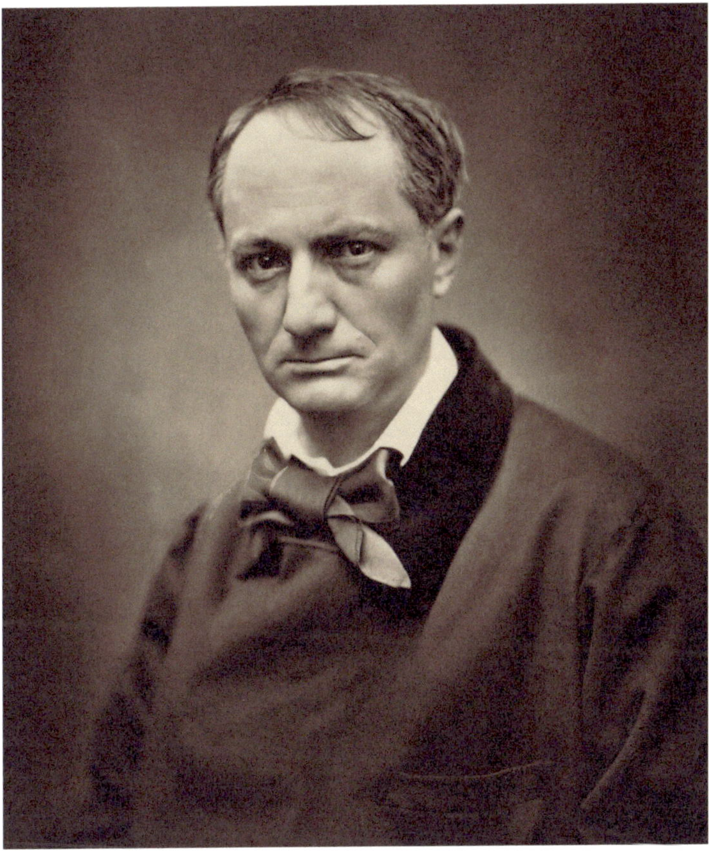

Charles Baudelaire, circa 1862. Foto Étienne Carjat

ginierten Vergangenheit etwas Neues hervor, die moderne Gegenwart, und die fotografische Suggestion sagt dem Betrachter: Jetzt siehst du vor dir das Wirkliche selbst. Der moderne Blick teilt nicht nur die neuzeitliche Kultur unvermeidlich in zwei Territorien, in die gemalte und die fotografierte Welt – die innere Imagination gliedert die gesamte Menschheitsgeschichte nach den Graden ihrer Bildlichkeit, ihrer Sichtbarkeit: Die prähistorische Welt, trotz der Höhle von Lascaux, ist nicht »zu sehen«; das alte Rom kaum mehr; die Landschaften des Mittelalters sind »unsichtbar«, anders als seine Städte. Je mehr Territorien sich die bildliche Darstellung erschließt, desto sichtbarer werden für uns die geschichtlichen Epochen. Doch erst mit der Fotografie ist der krasse Bruch gesetzt, der weiterführt zum heutigen Moment: zu der umfassenden, allgegenwärtigen Sichtbarkeit von allen, allem und jedem. Die heutige Welt ist im Bild vollkommen gegenwärtig. Der anthropologische Bruch, den diese Technik bewirkt, ist einer der stärksten der Menschheitsgeschichte. Niemand ist imstande, aus seiner Wirklichkeitswahrnehmung den Bruch auszublenden zwischen gemalter Welt und fotografierter Welt; was sein inneres Auge sieht, sind zwei Formen menschlicher Existenz.

Die Imagination einer jeden Epoche ist also intensiv gebunden an die Bildlichkeit ihrer Darstellung, und daraus folgt eine weitere Konsequenz: Die Technik der Abbildung selbst ist zutiefst eingesenkt in die historische Wirklichkeit und damit in die Imagination der Epoche. Es ist nicht Zufall, dass kein Foto von Goethe existiert, kein Foto von seinem Weimar, kein Foto von Karl dem Großen oder Napoleon; es ist integraler Teil ihrer historischen Wirklichkeit. Es ist nicht Zufall, dass es von Baudelaire schwarzweiße Fotografien gibt, aber keine farbigen und auch keine bewegten Filme; es ist integraler Teil seiner historischen Wirklichkeit. Der technische Stand der Fotos, die Benjamin für seine *Kleine Geschichte* betrachtet, ist also unabtrennbarer Bestandteil ihrer historischen Wirklichkeit: Die Unschärfe und Schattierung der Porträts von Hill, die menschenleeren Langzeitbelichtungen des Paris von Atget sind wiedererkennbare Realitäten der Epoche nicht weniger als die Physiognomien, Frisuren, Kleidungsstücke, Häuserinschriften, Reklametafeln, Karossen. Der technische Stand der Fotografie ist von der Darstellung des konkreten Hier und Jetzt so wenig ablösbar wie etwa die jeweilige Hutmode; der historische Augenblick der bei Benjamin gezeigten Porträts von David Octavius Hill oder von August Sander ist nicht nur durch das Äußere der Personen fixiert, sondern ganz genauso durch die Bedingungen der fotografischen Technik, Bedingungen, die das Bild selber sichtbar macht.

Retusche ist eine von Anbeginn geübte Technik. Vollkommen unbekannt dagegen ist zu Benjamins Zeit selbstverständlich das Ausmaß der technischen Möglichkeiten, mit denen die Retusche heute zur vollständigen Bildveränderung wird, zur Manipulation. Diese technische Bildveränderung tilgt also gerade die Spur des historischen Moments durch den technischen Stand weitgehend aus dem Bild, und so stellt sich die Frage, wie sich das magische Phänomen der Aura gegenüber dieser technischen Manipulierbarkeit verhält. Fotografien oder auch Filme aus dem Ersten Weltkrieg sind selbstverständlich schwarzweiß; immer häufiger werden sie für heutige Reproduktionen digital koloriert. Es gehört integral zum Bildcharakter einer Reihe von Porträts der mit Benjamin befreundeten Gisèle Freund, dass es sich um die ersten farbigen Porträtfotos am Ende der Schwarzweißepoche handelt; werden heute immer mehr schwarzweiße Fotografien nachträglich koloriert, so beseitigt die Technik eine ganz wesentliche historische Bildeigenschaft. Die Rechtfertigung dieser bildverändernden Kolorierung lautet, die hinzugefügte Farbe führe das Bild noch näher heran an die Wirklichkeit des Dargestellten; ein doppelter Fehlschluss: Zum einen hat, wie gezeigt, das Fehlen der Farbe in der frühen Fotografie die Wirklichkeitssuggestion keineswegs beeinträchtigt, zum anderen geht mit der Kolorierung die viel wesentlichere historische Eigenschaft des Bildes verloren. Der fast unvermeidliche Kostümierungscharakter von Historienfilmen dürfte seinen Grund darin haben, dass zur historischen Wirklichkeit etwa des jungen Werther oder der Madame Emma Bovary die Unmöglichkeit, sie zu filmen oder zu fotografieren, integral dazugehört; der Widersinn der Fotografie einer nicht fotografierbaren Person beschädigt die Aura. Je stärker das Publikum sich gewöhnt an Manipulationen wie Kolorierung, Schärfung, Kontrastbearbeitung, also an die Aufhebung der technischen Zeitkomponente, desto stärker wird die trotzdem fortdauernde Wirklichkeitssuggestion der Fotografie zur Täuschung.

5.

Über Benjamins *Kleine Geschichte der Photographie* kann heute nicht gesprochen werden ohne einen Blick auf das, was die neueste Bildtechnik für die Fotografie bewirkt. Das eine ist die nahezu unbegrenzte technische Manipulierbarkeit digitaler Bilder. Beschreibt Benjamin die zwingende Suggestion, in der frühen Fotografie »das winzige Fünkchen Zufall, Hier und Jetzt, zu suchen«[20], so hat diese Suggestion inzwischen keinen sachlichen Grund mehr: Die Bildbearbeitung versetzt nicht allein Gustave Flaubert oder die Schlachtfelder des Ersten Weltkriegs in die Epoche der Farbfotografie; sie macht aus André Malraux mit der Gauloise einen Nichtraucher –

oder umgekehrt –, modifiziert Frisuren, Körper, Gesichter, lässt Personen spurlos aus Gruppen verschwinden oder fügt sie hinzu; alles ist möglich und all das entzieht der bisherigen Gewissheit jeden Grund: Dass es nämlich ein Foto nicht geben könne ohne die dargestellte Wirklichkeit; dass es der Beweis sei für diesen Moment, für dieses vergangene Hier und Jetzt. Dies ist allgemein bekannt, aber hat es etwas verändert an der Wirklichkeitssuggestion? Kaum. Wenn aber der Betrachter einer Fotografie trotzdem weiter der Suggestion unterliegt, er sehe die Wirklichkeit selbst, dann hat sich, umgekehrt, etwas Grundlegendes verändert in der Wahrnehmung des Realen; zugespitzt: Das Abbild legt sich über die wirkliche Welt, tritt an ihre Stelle. Die magische Suggestion obsiegt, ist stärker als das rationale Wissen; die Unterscheidbarkeit von suggerierter Bildwirklichkeit und trotz allem weiterexistierender Wirklichkeit der Welt wird fließend. Das emanzipatorische Potential, das Benjamin der technischen Reproduzierbarkeit zuschrieb, ist eine Illusion.

Das andere ist die Frage der Quantität. Nur kurz, in einer Nebenbemerkung, streift Benjamin die sich seinerzeit ausbreitende Alltagsfotografie: »Soviel vom ›Knipsen‹.«[21] Die digitale Zukunft war gewiss nicht voraussehbar; dennoch trübten ihm die kulturpolitische Perspektive und sein technischer Optimismus den Blick. Die Frage nach der Auswirkung der Fotografie auf die Kunst tritt inzwischen sehr weit zurück hinter die Frage der Auswirkung der Fotografie auf das Realitätsbild; das »Knipsen« ist nicht Randerscheinung, sondern längst die dominierende Form der Bildproduktion. Und erkennbar wird: Der Kern der fotografischen Problematik ist nicht die mögliche Vervielfältigung ein und desselben Bildes – Kunstwerk oder nicht – durch seine technische Reproduzierbarkeit, der Kern ist die Produktion einer Flut unzählbarer Bilder, die zwar in gewisser Weise alle Einzelstücke sind, sich aber dennoch kaum unterscheiden. Der Prozess, den Benjamin anspricht, war die langsame Aufhebung des Privilegs auf das eigene Bild: einst seltener Zufall, dann Vorrecht weniger, dann schrittweise Popularisierung, heute für jedermann technisch und finanziell unbegrenzt produzierbar. In letzter Konsequenz wird das, was durch seine Seltenheit und magische Aura wertvollster Besitz war, wird das Bild der Welt und des eigenen Gesichts zu digitalem Müll. Die Annahme dürfte kaum übertrieben sein, dass ein extrem hoher Anteil der tagtäglich produzierten Smartphonebilder kaum oder gar keine Betrachter mehr hat und trotz digitaler Speicherung keinerlei Dauer im künftigen Gedächtnis. Ein Bild ist heute das billigste der billigsten Produkte in der gesellschaftlichen Zirkulation.

Und wie wirkt sich das aus auf die Ästhetik der Fotografie? Die Entwertung der Fotografie ist extrem. Und extrem ist auch die Nivellierung. Der Anspruch an die Darstellung eines Menschen sinkt mit der Zahl der Bilder, die es von ihm gibt; in der Breite der Wahrnehmung ist kein Maßstab mehr erkennbar, der eine ästhetische Unterscheidung zwischen den Darstellungen möglich macht; das anspruchsvolle Porträt ist äußerst minoritär gegenüber der Masse der Alltagsbilder. Der künstlerisch oder handwerklich arbeitende Fotograf steht unter dem wachsenden Druck, sein Dasein zu rechtfertigen: Wozu braucht es den Fotografen, wenn ohnehin alles von allen ununterbrochen fotografiert wird? Dieser Frage ist nicht auszuweichen; eine Antwort kann aber höchstens die fotografische Arbeit selber geben, und das bedeutet häufig: eine Antwort durch den Versuch, ästhetische, technische Verfahren zu entwickeln, die eine Fotografie deutlich unterscheidbar machen vom ohne eigenes technisches Bewusstsein »geknipsten« Smartphonebild.

Ob bewusst oder nicht, bemerkenswerterweise nehmen solche Versuche häufig Verfahren aus der Frühzeit wieder auf, wie sie auch Benjamin beschreibt. Die Langzeitbelichtung etwa war im neunzehnten Jahrhundert technisch bedingte Notwendigkeit; sie strukturierte das Bild eines Menschen durch den Zwang zum minutenlangen Stillhalten und Abstützen, sie strukturierte Landschafts- oder Stadtaufnahmen, indem sie die bewegten Menschen in den Straßen ebenso übersehen musste wie die bewegten Wellen auf einer zum bleiernen Spiegel verwandelten Wasserfläche. Charles Marvilles Rue de Rivoli macht die Stadt Paris zu einem reinen Architekturdenkmal. Die Zeiten der technisch bedingten Notwendigkeit sind lang vorbei, doch die Wahl der Langzeitbelichtung wird dadurch zur freien schöpferischen Gestaltung. Die Aufnahmen von Michael Wesely nutzen konsequent alle Möglichkeiten digitaler Technik, um amerikanische Großstädte oder Berlin festzuhalten in fürs bloße Auge unsichtbaren Perspektiven; hier die taghelle, menschenleer gemachte Leipziger Straße, die im realen Leben, bei Tag oder Nacht, natürlich niemals menschenleer ist, dort die Überlagerung verschiedener Schichten zu einer ganz eigenen Perspektive, die es tatsächlich *nur* im Bild gibt. In der Darstellung von Stadt oder Landschaft also zeigen sich fotografische, auch digitale Möglichkeiten zur eigenständigen, exklusiven Gestaltung, aber im Porträt des Menschen?

Die magische Qualität, die Benjamin im Menschenbild erkennt, spricht vor allem aus dem dargestellten Menschen selber, aus der Wiedererkennbarkeit, dem Gedächtnis dieses einen Individuums; die Möglichkeit, eine verändernde fotografische Eigenrealität zu erschaffen wie in Stadt- und Landschaftsbild, ist deshalb höchst problematisch. Dagegen kann der private, anspruchslose Schnappschuss dieses magische Moment ebenso, manchmal sogar eher besitzen

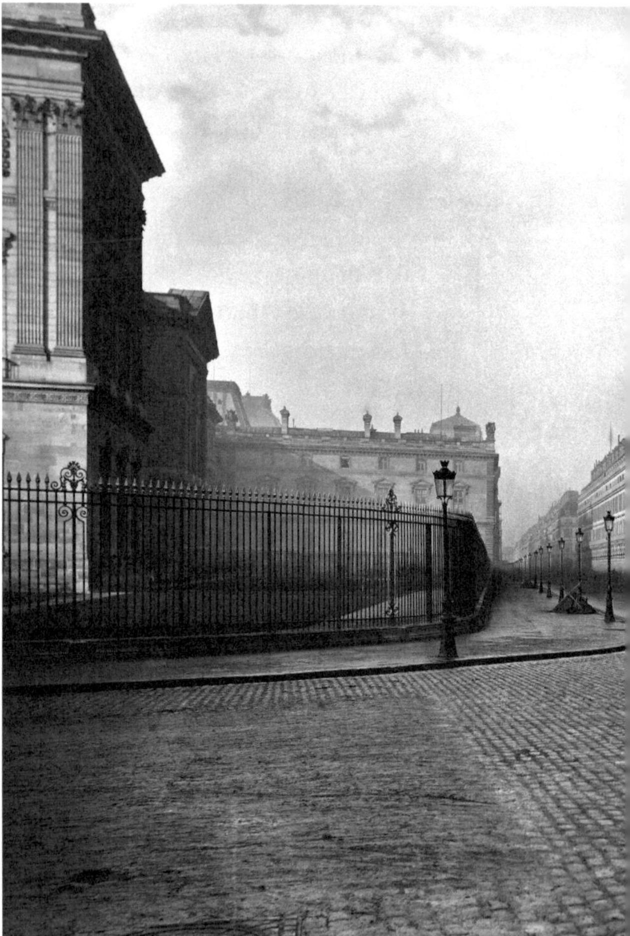

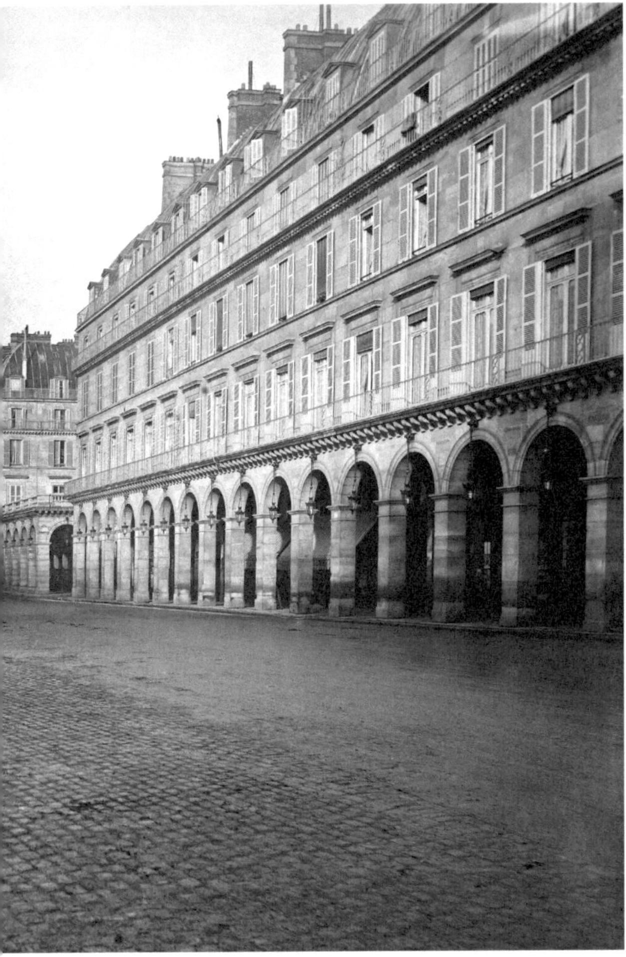

Rue de Rivoli, Paris, circa 1877. Foto Charles Marville

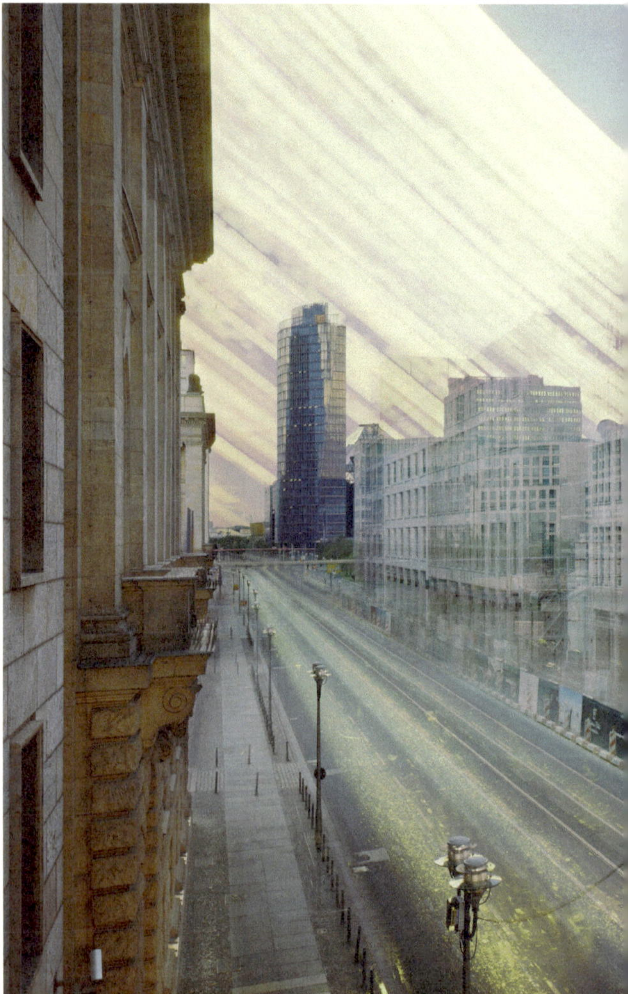

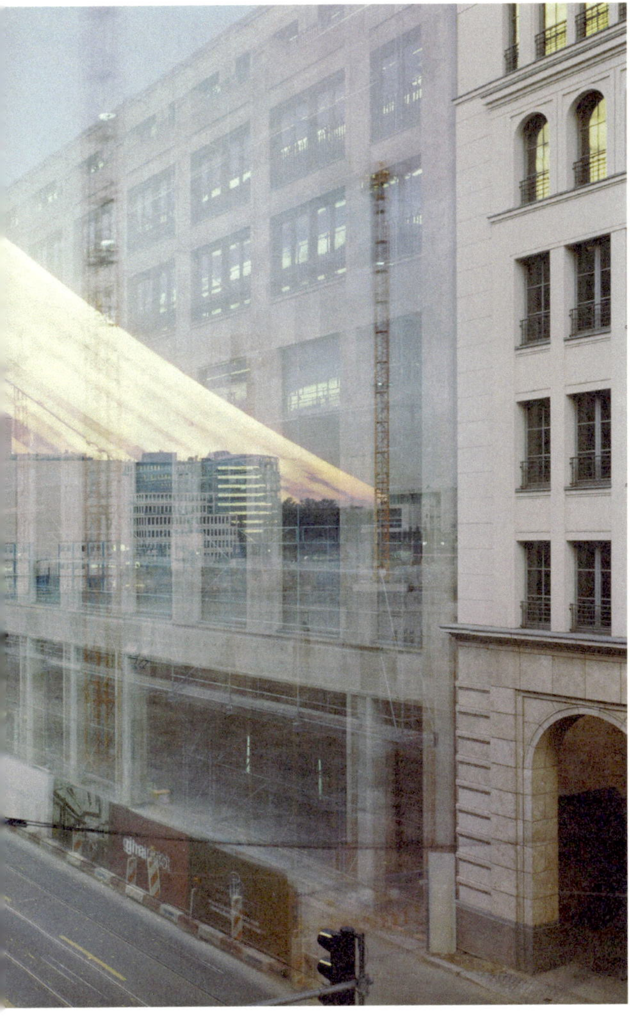

Leipziger Straße, Berlin, 9. 11. 2011–8. 10. 2014.
Foto Michael Wesely

als die bewusst gestaltete Fotografie. Möglichkeiten, die eigene ästhetische Qualität zu behaupten, liegen deshalb in ganz anderen Richtungen. Yousuf Karsh steht für die Inspiration, die der moderne Fotograf, der sich einst vom Vorbild der Malerei ganz und gar gelöst hat, dann doch wiederum aus der langen Tradition des gemalten Porträts für sich gewinnen kann – perfekte Stilisierung als Gegengewicht zum Knipsen. Sein Bildnis des katholischen Dichters Paul Claudel, gestützt auf eine enorme Bibel, vor sich Manuskript und Feder, eine Haltung, die zugleich real ist und bedeutungsvolles Sinnbild, wurde vom Fotografen durch und durch gestellt, künstlich und kunstvoll ausgeleuchtet und monumentalisiert – und doch, es ist ein ungeheuer sprechendes, typisches, aufs Wesentliche konzentrierte Bild dieses Menschen, wie er war. Isolde Ohlbaum geht mit der langen Reihe ihrer Schriftstellerfotografien den ganz anderen Weg: Das Doppelporträt des Dichters Philippe Jaccottet und des Kritikers Peter Hamm macht sich verwechselbar mit dem Schnappschuss – doch nur auf den allerersten Blick; mit hochbewusstem Kunstverstand und einem überlegten Bildaufbau wird der Eindruck des Spontanen, Lebendigen, des ganz und gar Ungekünstelten nicht erweckt, sondern geschaffen, eine Möglichkeit, die Ästhetik der Alltagsfotografie aufzunehmen für ein nicht weniger typisches, doch ganz aus dem Moment lebendes Charakterporträt.

6.

Weiß noch irgendein Mensch, welche und wie viele Bilder gespeichert sind auf seinen Festplatten, Laptops, Scandisks, Smartphones – und warum? Die Digitalisierung bedeutet in der Geschichte des Bildes und der Bildwahrnehmung einen Umsturz, von dem Benjamin nichts ahnen konnte und dessen künftige Folgen völlig offen sind, vielleicht größer noch als einst die Erfindung der Fotografie selbst. Die technische Entwicklung von der einzelnen Platte bis zum Kleinbildfilm brachte immer auch eine Vereinfachung, Verbilligung und Vervielfältigung der Bildproduktion mit sich, dennoch: Die Filmrolle erlaubte nur eine begrenzte Zahl an Fotos,

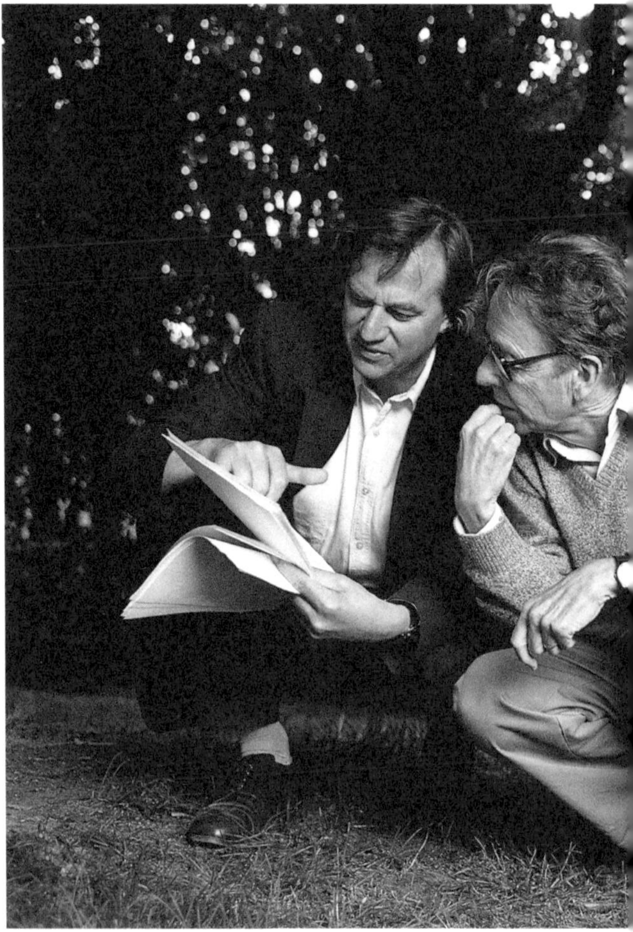

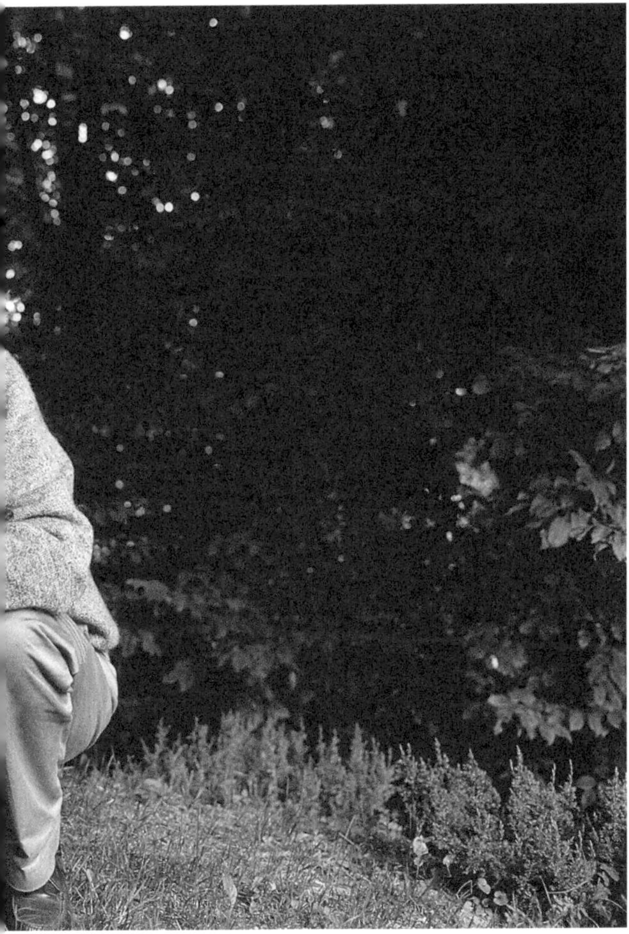

Der Dichter Philippe Jaccottet und der
Kritiker Peter Hamm, 1991. Foto Isolde Ohlbaum

und jedes einzelne, vom Material bis zu Entwicklung und Abzug, kostete Arbeit, Zeit, Geld. Die letzte Konsequenz der Smartphonetechnik hat all das aufgehoben: Nichts, keine äußere Bedingung steht mehr vor der unbegrenzbaren Herstellung von Bildern, welche sofort, im gleichen Augenblick und am gleichen Ort, neben der abgebildeten Wirklichkeit existieren. Natürlich, auch mit diesen neuen Voraussetzungen ist ästhetisches Spiel, ist Kunst möglich, doch das historische Bildgedächtnis der verlorenen Zeit entsteht eben nicht aus ästhetischem Spiel, nicht aus Kunst. Die technische Reproduzierbarkeit des Bildes, anders als Benjamin es erhoffte, hat die Kunst, hat die Bildwahrnehmung nicht befreit. Aber war er dessen eigentlich selbst so sicher? Ohne Kommentar und sogar ohne Nennung des Namens zitiert er die letzte Strophe eines »Standbilder« genannten Gedichts von Stefan George: »Und ich frage: wie hat dieser haare zier / Und dieses blickes die früheren wesen umzingelt! / Wie dieser mund hier geküßt zu dem die begier / Sinnlos hinan als rauch ohne flamme sich ringelt!«[22] Das suggestive, magische Gedicht dieses Dichters, den die Moderne nur misstrauisch beäugt, wird für den materialistischen Theoretiker der Kunst, merkwürdig genug, zum gleichgesinnten Zeugen für die auratische Fähigkeit fotografischer Porträts, für eine Fähigkeit, die immer zutiefst durchdrungen ist vom ersten Blick in den Spiegel. Benjamin verrät hier seine andere Seite, eine verborgenere, die der »Zertrümmerung der Aura« weniger optimistisch zusah, als er es im *Kunstwerk*-Aufsatz demonstriert. Kaum vorzustellen, wie das einzelne, private Foto noch einmal die Kraft erlangen kann, für das persönliche Gedächtnis etwas zu werden wie das dauerhafte, ikonische Bild eines verschwundenen Menschen; dass der Betrachter etwas verspürte wie den »Zwang, in solchem Bild das winzige Fünkchen Zufall, Hier und Jetzt, zu suchen, mit dem die Wirklichkeit den Bildcharakter gleichsam durchgesengt hat, die unscheinbare Stelle zu finden, in welcher, im Sosein jener längstvergangenen Minute das Künftige noch heut und so beredt nistet, daß wir, rückblickend, es entdecken können.«[23] Und man wagt nicht zu sagen, ob die gestaltende Arbeit des Fotografen diesen Prozess der Entwertung, der Erosion des Bildgedächtnisses aufzuhalten vermag. Das auf dem Wasser schillernde Gesicht, endlich festgehalten als Bild, um gegen die flüchtige Zeit die Dauer des Dargestellten zu sichern, ist selbst wieder zum flüchtigsten, virtuellen Gegenstand geworden, aufgenommen, versendet, kurz angesehen, vergessen.

Anmerkungen

1 Ovid: *Metamorphosen*. Hg. und übs. von Erich Rösch. München/Zürich 1952, S. 110 (III, 463).
2 Walter Benjamin: *Gesammelte Briefe*. Band IV: 1931–1934. Hg. von Christoph Gödde und Henri Lonitz. Frankfurt/Main 1998, S. 61.
3 Walter Benjamin: *Gesammelte Briefe*. Band V: 1935–1937. Hg. von Christoph Gödde und Henri Lonitz. Frankfurt/Main 1999, S. 199.
4 Siehe Jürgen Osterhammel: *Die Verwandlung der Welt. Eine Geschichte des 19. Jahrhunderts*. München 2010.
5 Siehe oben, S. 10.
6 Siehe etwa: Walter Benjamin: *Gesammelte Schriften*. Unter Mitwirkung von Theodor W. Adorno und Gershom Scholem herausgegeben von Rolf Tiedemann und Hermann Schweppenhäuser. Band I.3. Frankfurt/Main 1974, S. 1000–1006; Theodor W. Adorno/Walter Benjamin: *Briefwechsel 1928–1940*. Hg. von Henri Lonitz. Frankfurt/Main 1994, S. 364–426.
7 Siehe oben, S. 9.
8 Siehe oben, S. 32.
9 Siehe oben, S. 49.
10 Siehe oben, S. 10.
11 Siehe oben, S. 51; vergleiche Charles Baudelaire: *Sämtliche Werke/Briefe*. Band 5: *Aufsätze zur Literatur und Kunst*. Hg. von Friedhelm Kemp und Claude Pichois in Zusammenarbeit mit Wolfgang Drost. München

1989, S. 136 f. (»Das moderne Publikum und die Photographie«).

12 Siehe *Dans l'intimité des frères Caillebotte. Peintre et photographe.* Ausstellungskatalog Musée Jacquemart-André. Paris 2011; *Gustave Caillebotte. Ein Impressionist und die Fotografie.* Hg. von Karin Sagner und Max Hollein, in Zusammenarbeit mit Ulrich Pohlmann. Ausstellungskatalog Schirn Kunsthalle. Frankfurt/Main 2012.

13 Siehe oben, S. 16.

14 Siehe Jean-Michel Palmier: *Walter Benjamin. Lumpensammler, Engel und bucklicht Männlein. Ästhetik und Politik bei Walter Benjamin.* Hg. von Florent Perrier. Aus dem Französischen von Horst Brühmann. Frankfurt/Main 2009, besonders S. 1058–1060.

15 Siehe oben, S. 16.

16 Siehe oben, S. 36.

17 Siehe oben, S. 37.

18 Walter Benjamin: »Über den Begriff der Geschichte«. In: *Gesammelte Schriften*, a. a. O., Band I. 2, S. 693.

19 Wolfgang Matz: *1857. Flaubert, Baudelaire, Stifter.* Frankfurt/Main 2007, S. 11; überarbeitete und erweiterte Neuausgabe. Göttingen 2021, S. 11.

20 Siehe oben, S. 16.

21 Siehe oben, S. 44.

22 Siehe oben, S. 14. Vergleiche Stefan George: *Der Teppich des Lebens und die Lieder von Traum und Tod mit einem Vorspiel. Sämtliche Werke in 18 Bänden.* Band V. Stuttgart 1984, S. 58.

23 Siehe oben, S. 16.

EDITORISCHE NOTIZ

Walter Benjamin schrieb die *Kleine Geschichte der Photographie* im Jahre 1931; ein vollständiges Manuskript ist nicht überliefert; erhalten sind lediglich sechs Manuskriptblätter, die im Walter Benjamin Archiv an der Akademie der Künste Berlin aufbewahrt werden. Erschienen ist die *Kleine Geschichte der Photographie* in der Wochenzeitung *Die Literarische Welt*, in drei Folgen: am 18. und 25. September sowie am 2. Oktober 1931. Neu ediert wurde der Text in: Walter Benjamin: *Gesammelte Schriften*. Unter Mitwirkung von Theodor W. Adorno und Gershom Scholem herausgegeben von Rolf Tiedemann und Hermann Schweppenhäuser. Band II.1. Frankfurt/Main 1977, S. 368–385, mit dem Kommentar der Herausgeber in Band II.3, S. 1130–1143. Unsere Ausgabe folgt ebenfalls dem Erstdruck; die Verbesserungen der *Gesammelten Schriften* wurden dankbar verglichen und übernommen.

Die von Benjamin ausgewählten Fotografien wurden von Michael Wesely aus der Wochenzeitung *Die Literarische Welt* für diese Ausgabe reproduziert und bearbeitet. Sie stehen hier bei den entsprechenden Textstellen wie im Erstdruck; in den *Gesammelten Schriften* waren sie am Ende zusammengefasst. Ein Dank geht an den Fotografen Michael Wesely und an Erdmut Wizisla, den Leiter des Walter Benjamin Archivs, für Hilfe und Unterstützung.

Benjamin hat sich auch noch an anderen Stellen zu Geschichte und Ästhetik der Fotografie geäußert; hingewiesen sei hier vor allem auf »Pariser Brief. Malerei und Photographie« (*Gesammelte Schriften*, Band III, S. 495–507), auf die Rezension »Gisèle Freund, La photographie en France au dix-neuvième siècle« (*Gesammelte Schriften*, Band III, S. 542–544) sowie auf das Konvolut »Die Photographie« im *Passagen-Werk* (*Gesammelte Schriften*, Band V.2, S. 824–846).

August 2022
W. M.

Bildnachweis

Die Abbildungen im Text von Walter Benjamin entstammen dem Erstdruck in der Wochenzeitung *Die Literarische Welt* 1931 und wurden von Michael Wesely für diese Ausgabe bearbeitet.

Die Abbildungen auf den Umschlaginnenseiten wurden im Deutschen Historischen Museum, Berlin gescannt. Dank an Frau Anne-Dorte Krause.

Abbildungen August Sander S. 41, 43: © Die Photographische Sammlung/SK Stiftung Kultur – August Sander Archiv, Köln; VG Bild-Kunst, Bonn 2022.

Abb. S. 54/55: Detail des Manuskripts von Walter Benjamin, aufgenommen von Michael Wesely, © Hamburger Stiftung zur Förderung von Wissenschaft und Kultur, Akademie der Künste, Berlin, Walter Benjamin Archiv.

Abb. S. 70/71: Boulevard du Temple, Paris, 1839, Foto Louis Daguerre. Quelle: Wikimedia Commons.

Abb. S. 77: Gustave Caillebotte, *Sur le Pont de l'Europe*, 1876. Öl auf Leinwand. Quelle: Wikimedia Commons.

Abb. S. 78/79: Gustave Caillebotte, *Le Pont de l'Europe*, 1876. Öl auf Leinwand. Quelle: ART Collection/Alamy Stock Foto.

Abb. S. 80/81: *Le Pont de l'Europe*, 1873, unbekannter Fotograf. Quelle: Wikimedia Commons.

Abb. S. 90: Vier Porträts von Stendhal: o. l.: Silvestro Valeri, circa 1835–1836; o. r.: Pierre-Joseph Dedreux-Dorcy und Henri-Joseph Dubouchet, 1884; u. l.: Henri Lehmann,

1841; u. r.: Jean-Louis Ducis, 1835. Quelle: Wikimedia Commons.

Abb. S. 91: Charles Baudelaire, circa 1862, Foto Étienne Carjat. Quelle: Wikimedia Commons.

Abb. S. 102/103: Rue de Rivoli, Paris, circa 1877, Foto Charles Marville. Quelle: Ville de Paris/Bibliothèque historique, NV-004-C-0304.

Abb. S. 104/105: Leipziger Straße, Berlin, Foto Michael Wesely, 9. 11. 2011–8. 10. 2014.

Abb. S. 108/109: Der Dichter Philippe Jaccottet und der Kritiker Peter Hamm, 1991. Foto Isolde Ohlbaum.

FRIEDRICH SCHLEIERMACHER
Über die verschiedenen Methoden
des Übersetzens
Herausgegeben und mit einem Essay
von Elisabeth Edl und Wolfgang Matz

*

GUY DE MAUPASSANT
Über Gustave Flaubert
Mit einem Nachwort von Elisabeth Edl

*

GUY DE MAUPASSANT
Pläsier
Vier Erzählungen
Herausgegeben und neu übersetzt
von Elisabeth Edl

KREISBÄNDCHEN

ROBERT MUSIL
Über die Dummheit
Ein Vortrag

GOTTFRIED BENN
Altern als Problem für Künstler
Ein Vortrag

STEFAN ZWEIG
Incipit Hitler
Mit einem Nachwort von Arturo Larcati

HEINER MÜLLER
Gedichte

33 LIEBESGEDICHTE
Ausgewählt und übersetzt von Henriette Beese
Mit einem Nachwort von Gerhard Ahrens